Gotved

Kräftiger Beckenboden – erfüllte Sexualität

Meinen Enkelkindern

Helle Gotved

Kräftiger Beckenboden – erfüllte Sexualität

- Den eigenen Körper besser spüren
- Wie Sie mit gezieltem Training Ihre Muskulatur kräftigen
- In 3 Übungseinheiten zu mehr Beweglichkeit und Lust

TRIAS

Leserservice:

Wenn Sie Fragen oder Anregungen zu diesem Buch haben, schreiben Sie uns:
TRIAS Verlag
Postfach 30 05 04
70445 Stuttgart
Oder besuchen Sie uns im Internet unter www.trias-gesundheit.de

Umschlaggestaltung:
Cyclus · Visuelle Kommunikation, Stuttgart

Umschlagfoto vorn: Tony Stone,
hinten: Mauritius

Programmplanung:
Sibylle Duelli

Außenlektorat:
Annerose Sieck

Zeichnungen:
Claudia Arend

Die Deutsche Bibliothek – CIP-Einheitsaufnahme
Ein Titeldatensatz für diese Publikation ist bei Der Deutschen Bibliothek erhältlich.

Titel der dänischen Originalausgabe.
Muskler og orgasme by Helle Gotved
Copyright der dänischen Ausgabe by Munksgaard, Copenhagen/Denmark

Übersetzung aus dem Dänischen von Dr. Erika von Herbst

Gedruckt auf chlorfrei gebleichtem Papier

Satz: Fotosatz H. Buck, Kumhausen
Druck: Westermann Druck Zwickau GmbH

ISBN 3-8304-3066-3 1 2 3 4 5 6

Zu diesem Buch

Brauchen wir Frauen heute überhaupt noch ein Buch zum Thema »Kräftiger Beckenboden – erfüllte Sexualität«? Mehr denn je!

Denn obwohl heutzutage sehr viel freier über Sexualität gesprochen wird, viele neue Bücher mit guten Ratschlägen für besseren Sex auf den Markt kommen und uns das Fernsehen reichlich mit Informationssendungen und mehr oder weniger pornographischen Filmen eindeckt, sind Helle Gotveds grundsätzliche Darlegungen für ein erfülltes Sexualleben der Frau (und damit auch ihres Partners) immer noch und immer wieder von großer Bedeutung in sämtlichen Phasen des Frauenlebens.

Ich selbst bin inzwischen Großmutter – und Helle Gotved gar Urgroßmutter –, aber glücklicherweise hat sich die Ansicht, dass auch ältere und alte Menschen ein erfülltes Geschlechtsleben haben können, dürfen, sollten, langsam in unserer Gesellschaft durchgesetzt. Was vor 20 Jahren noch als ein Tabu galt, ist heute Normalität geworden. Sexologen sprechen diesbezüglich von »Use it or loose it!« – »Gebrauche es oder verliere es!« Nichts anderes meint das deutsche Sprichtwort »Wer rastet, der rostet«, wobei hier natürlich die Vorzüge eines aktiven Lebens im Allgemeinen angesprochen werden. Von beiden Sprüchen lässt sich ein direkter Bezug zur Muskulatur unseres Beckenbodens herstellen.

„Use it or loose it“ – auch ältere Menschen haben das Recht auf ein erfülltes Sexualleben

Helle Gotved geht es darum, unsere eigene Initiative herauszufordern. Wir können selbst etwas tun, um die Voraussetzungen für ein zufrieden stellendes Geschlechtsleben zu schaffen, zu verbessern oder wiederzugewinnen.

Niemand wird erwarten, dass sich seelische Konflikte mit Gymnastik und sonstiger sportlicher Aktivität lösen lassen, diese müssen im Gespräch der Partner untereinander, mit Hilfe von Fachleuten oder Büchern angegangen werden. Da jedoch eine enge Beziehung und Wechselwirkung zwischen Körper und Seele besteht, konnte ich oft feststellen, dass die Auseinandersetzung mit ihrem Körper Frauen größeres Selbstvertrauen verleiht, genauso, wie Bewegung und Sport ihr Selbstwertgefühl stärken. Dies gibt manchen oft erst den Mut, sich auch eventuellen seelischen Problemen zu stellen. Wollen wir auch auf sexuellem Gebiet die gleichwertige Partnerschaft zwischen Mann und Frau, müssen wir uns von der Vorstellung der naturgegebenen weiblichen Passivität befreien und ein anderes Verhältnis zu unserem eigenen Körper gewinnen.

Junge Mädchen wissen meist noch wenig über ihren Beckenboden

Zuallererst gilt es bereits junge Mädchen über Vorhandensein und Wirkungsweise der Beckenbodenmuskulatur aufzuklären. Was spricht dagegen, dass dies schon in der Schule geschieht? Bei den meisten anatomischen Abbildungen fehlt diese Muskulatur leider, die man absolut zu den Geschlechts- und Fortpflanzungsorganen zählen müsste! Niemand korrigiert diesen Fehler. Warum eigentlich? Auf den Landkarten im Geographieunterricht werden ja auch die Landesgrenzen berichtigt. Wir sollten schon erwarten dürfen, dass uns das Allerpersönlichste und Nächste – die Anatomie unseres eigenen Körpers – auf aktuellem Stand vor Augen geführt wird.

Wie steht es eigentlich mit den Ärzten und Frauenärzten? Eine gute Gelegenheit zur Aufklärung bietet sich, wenn eine junge Frau ihren Hausarzt anspricht oder zur ersten gynäkologischen Untersuchung kommt und über Schwangerschaftsvorbeugung beraten werden möchte. Wie leicht ist es, in diesem Zusammenhang auch auf die Bedeutung der Beckenbodenmuskulatur aufmerksam zu machen und entsprechende Ratschläge zur Stärkung zu geben. Ganz unabhängig vom Alter der Frau sollte die Überprüfung der Funktionstüchtigkeit und des Zustandes der Muskeln bei gar keiner gynäkologischen Untersuchung fehlen. Wer möchte nicht lebenslänglich seinen Körper im bestmöglichen Stand erhalten?

Das Checken der Beckenmuskulatur sollte bei keiner gynäkologischen Untersuchung fehlen

Die meisten Frauen besuchen heute zwar geburtsvorbereitende Kurse, wobei sie um gezieltes Beckenbodentraining hoffentlich nicht herumkommen, aber für viele ist dies immer noch etwas Neues. Und das ist schade, noch dazu, wo heutzutage der Zeitpunkt der ersten Geburt aufgrund von Lehr- und Ausbildungszeiten oft sehr viel später liegt als früher.

Viele Frauen lernen erst bei der Rückbildungsgymnastik nach der Geburt ihren Beckenboden kennen, und da kann mancher

Schaden bereits eingetreten sein, der schwieriger zu beheben ist, wenn man sich jetzt erst die Grundbegriffe des Trainings aneignen muss. Zweifellos sind nach einer Geburt diejenigen Frauen, die bereits vor der Schwangerschaft und Geburt eines Kindes eine gute Beckenbodenmuskulatur hatten, am schnellsten wieder fit und in guter Form.

Und was ist mit den kinderlosen Frauen? Sie werden auf diese Muskeln oft erst aufmerksam, wenn sich unangenehme Symptome wie Harninkontinenz einstellen, etwa mit Beginn der Wechseljahre. Ich habe mit nicht wenigen Frauen gesprochen, die nach einem geglückten Einsatz des Beckenbodentrainings gegen solche Beschwerden als eine Art Nebeneffekt auch ein besseres Sexualleben erzielt hatten und sich darüber ärgerten, dass sie dies »nicht früher gewusst« hätten.

Oft erfahren Frauen erst in den Wechseljahren etwas über den Beckenboden

Frauen, deren Beckenmuskulatur zu einem echten Kraftzentrum geworden ist, sind nach wie vor in der Minderheit. Für die meisten ist der Beckenboden immer noch ein Buch mit sieben Siegeln.

Deshalb möchte ich Ihnen Mut machen, ein erstarktes, aktives Selbstwertgefühl zu finden. Die Kraft und Feinfühligkeit unserer Beckenbodenmuskulatur stellt gewissermaßen unsere weibliche Potenz dar und macht uns zu mehr als nur gleichwertigen Partnern im Liebesleben.

Alexander Lowen spricht in seinem Buch »Liebe und Orgasmus« von der »Wahrheit« und »Weisheit unseres Körpers« und bringt es auf den Punkt: »Der Weg zu einem reicheren Leben geht gewiss über ein vollständigeres Erleben des Körpers und seiner Sexualität«.

„Der Weg zu einem reicheren Leben geht gewiss über ein vollständigeres Erleben des Körpers und seiner Sexualität“

Für Frauen, denen es schwer fällt, ihrer Beckenbodenmuskulatur habhaft zu werden (denn man muss sie ja erst einmal in den Griff bekommen, um üben zu können!), gibt es eine Methode, die Anfängerschwierigkeiten zu überwinden: Elektrostimulation der Muskeln mittels eines Gerätes, das über eine in die Scheide eingeführte tamponförmige Elektrode Impulse aussendet, die die Muskeln automatisch zusammenziehen. Dieses technische Hilfsmittel erspart nicht das Training, es lässt jedoch keinerlei Zweifel aufkommen, wo sich diese Muskeln eigentlich befinden und wie

Lassen Sie sich bei anfänglichen Schwierigkeiten nicht vom regelmäßigen Training abhalten

sie arbeiten. Da die Anschaffung eines solchen Apparates nicht gerade billig ist und der gewünschte Erfolg sich beim Training ohnehin sehr rasch einstellen kann, ist es vernünftiger, einen Arzt ausfindig zu machen, der ein solches Gerät in der Praxis hat.

Lassen Sie sich auf keinen Fall von anfänglichen Schwierigkeiten entmutigen. Es lohnt sich wirklich, aus eigenem Bemühen ein Kraftzentrum in unserer Mitte aufzubauen!

Farum, im April 2002 *Dr. Erika von Herbst*

Für wen habe ich dieses Buch geschrieben?

Dieser Ratgeber wendet sich an Frauen, die mehr über ihre Sexualität erfahren wollen und sich nur unzureichend über die Bedeutung der Beckenbodenmuskulatur für die Qualität des Geschlechtsaktes informiert fühlen. Auch wenn Sie mit Ihrer eigenen Sexualität nicht zufrieden sind oder vielleicht aufgrund einer »schlaff« gewordenen Scheide die Orgasmusfähigkeit verloren haben und sie wiedergewinnen wollen, finden Sie hier Anregungen. Leserinnen, die gern selbst aktiv werden und denen daran gelegen ist, das Sexualverhalten der kommenden Generation durch eine gründlichere Aufklärung mit Verständnis für die »verborgenen Muskeln« natürlicher zu gestalten, können in besonderem Maße von der Lektüre profitieren.

Dieser Ratgeber zeigt Ihnen, wie Sie selbst aktiv werden können

In diesem Ratgeber geht es in erster Linie um den eigenen Körper und das eigene Lustempfinden der Frau. Doch auch Männern kommt die verbesserte weibliche Beckenbodenmuskulatur bei der körperlichen Liebe natürlich zugute.

Die Ursachen für manche Schwierigkeiten beim Geschlechtsverkehr liegen häufig in einem natürlichen Unterschied: »Der Penis ist sichtbar – die Scheide jedoch verborgen«. Für den Mann war es im Gegensatz zur Frau wohl immer klar, welche seiner sexuellen Aktivitäten einen Orgasmus auslösen. Die »Ausrüstung« des Mannes ist eindeutig – die Frau kennt ihre meist nicht. Die »Muskel-Manschette«, die eine Frau anspannen soll, hat sie nie gesehen; vielleicht hat sie nicht einmal davon gehört.

Bereits in der Entwicklungsphase erleben wir eine Diskriminierung der Geschlechtsorgane des Mädchens. Der häufig erwähnte kleine Unterschied besteht zwischen dem sichtbaren Penis und der verborgenen Scheide; die unterschiedliche Behandlung zeigt sich darin, dass der Junge seinen Penis berühren darf – er ist beim Wasserlassen einfach dazu gezwungen. Er kennt seinen Penis, ist stolz auf ihn und findet ihn interessant. Das Mädchen hingegen hat niemals das Organ gesehen, das dazu bestimmt ist, einen Penis zu umschließen. Sollte es seine Geschlechtsteile

Die Geschlechtsorgane des Mädchens sind meist ein Tabubereich, der Junge hingegen darf seinen Penis berühren neugierig erforschen wollen, wird es in den meisten Fällen zu hören bekommen: »Finger weg. Das tut man nicht!«

Häufig ist die Unkenntnis über die eigenen Geschlechtsorgane die Folge einer prüden Erziehung

Dieser Bereich des Körpers scheint mit Vorurteilen belastet und mit Schamgefühlen verbunden zu sein, und das Mädchen wird häufig mit seinen Fragen im Stich gelassen. Möglicherweise findet es im Geheimen seine Klitoris, aber niemand erklärt ihm, welche Bewandtnis es mit den wunderlichen Empfindungen hat, die es tief drinnen in der Scheide erleben kann, wenn es etwa im Turnunterricht ein Tau hinaufklettert.

Körperbewusstsein durch Aufklärung

Unterweisung in Entspannungstechniken, Übung und Bewegungslehre sind ein Teil dessen, was zur Lösung sexueller Probleme getan werden kann. Nur die Frau selbst kann der Natur helfen, die nötigen Kräfte zu erzeugen. Voraussetzung dafür ist eine sorgfältige Anleitung, um die natürlichen Anlagen zu entfalten oder verloren gegangene Kräfte wiederzugewinnen.

Beckenboden, Muskeln und Sexualität

Nicht selten stößt man bei der Auseinandersetzung mit einem Problem auf ein weiteres: Während meiner jahrzehntelangen Beschäftigung mit dem Thema »Muskeln des Beckenbodens im Zusammenhang mit Inkontinenz« (d. h. das Unvermögen, die Harnröhre in Stresssituationen dicht zu schließen, wie etwa beim Husten, Niesen, Heben, Hüpfen, Laufen – kurz gesagt, in allen Situationen, in denen der Druck in der Bauchhöhle plötzlich ansteigt), fiel mir ein Umstand besonders auf. Eine Statistik über dieses weibliche Leiden zeigte, dass 50 Prozent aller Frauen zumindest zeitweilig an Inkontinenz leiden und dass diese Zahl mit zunehmendem Alter ansteigt. Also werden später auf viele Frauen peinliche Situationen zukommen. Dieses Leiden wird in vielen Fällen aus Furcht vor Diskriminierung verschwiegen, ein weiterer Grund für mich, darüber ebenfalls ein Buch zu schreiben (»Erfolgreiche Hilfen gegen Harninkontinenz«, TRIAS Verlag 1999).

Praktisch jede zweite Frau leidet irgendwann in ihrem Leben an Harninkontinenz

Tatsächlich kennt die Hälfte aller Frauen das Problem der Inkontinenz aus eigener Erfahrung. Wenn man gleichzeitig Berichten über die Sexualität entnehmen kann, wie viele Frauen nicht in der Lage sind, einen Orgasmus zu erleben, dann fällt es schwer, zwischen diesen beiden Umständen keinen Zusammenhang zu vermuten. Aus diesem Grunde erscheint weitere Aufklärung über die Funktion der Muskeln des Beckenbodens dringend nötig zu sein.

Kennen Sie Ihren Beckenboden?

Der Beckenboden besteht aus Muskeln, die in Schlingen verlaufen. Sie erfüllen unterschiedliche Aufgaben. Einerseits sollen sie die Organe des kleinen Beckens tragen, andererseits halten sie Harnröhre, Scheide und Enddarm geschlossen. Schließlich erfüllen sie auch eine Funktion beim Geschlechtsverkehr. Ein erstes Problem zeigt sich darin, dass diese Muskeln vielen Frauen unbekannt sind – worüber man sich nicht zu wundern braucht. Wir haben nämlich nichts darüber gelernt. Zum einen kann man die Muskeln nicht sehen, zum anderen war der gesamte Beckenboden lange Zeit tabu – eine Stelle, die man in der Kindheit nur heimlich berühren durfte.

Viel zu spät wird der Beckenboden trainiert – in der Regel erst vor der Geburt eines Kindes

Die Muskeln des Beckenbodens zählen normalerweise nicht zum Bewegungsapparat und deren Training fällt deshalb nicht in den Sportunterricht. Sie geraten erst bei der Geburtsvorbereitung in das Blickfeld des Interesses – und das scheint mir etwas zu spät zu sein.

So lernen Kinder ihren Beckenboden kennen

Ich vermisse in vielen Fällen eine zufrieden stellende Aufklärung unserer Kinder. Wie können sie außer Kraft und Vielseitigkeit auch eine Vorstellung von ihren »verborgenen« Muskeln erwerben?

Im Rahmen des Erwachsenenunterrichts, in dem es darum geht, Fehlfunktionen zu korrigieren, kann man gezielte Übungen machen, die direkt auf die Beckenbodenmuskeln gerichtet sind. Anders ist es bei der (Schul-)Gymnastik für Kinder:

Hier würde ich mit Geräteturnen und Tauklettern beginnen. Es ist meine Vermutung (die sich auf Erfahrung stützt), dass in dem Augenblick, in dem das Kind mit den Armen am Seil hängt und sich anstrengen muss, um das Tau mit den Beinen zu fangen und zu umschließen, der ganze Unterleib auf eine kräftige greifende Bewegung eingestellt ist. Die Muskeln des Beckenbodens werden so zusammen mit den Muskeln an der Innenseite der Schenkel an diesem Greifen beteiligt.

Ich halte es für eine gute Methode, zunächst ein paar Erlebnisse zu vermitteln, die nachher erklärt werden. Kinder interessieren sich für Anatomie; sie wollen wissen, wie es in ihrem Inneren aussieht. Ich würde diese Gelegenheit nutzen und ihnen anhand einiger anatomischer Abbildungen etwas über die Funktionen des Körpers erzählen.

Und auch einmal eine praktische Übung, z. B. diese: Beine greifen und umklammern. Die unsichtbaren Muskeln im Boden des Körpers sind auch angespannt. Ich würde erwähnen, dass es speziell die Muskeln im Beckenboden sind, die sie wahrnehmen, wenn sie angenehme Empfindungen im Körper erleben. Das ist eine ausgezeichnete Gelegenheit, um mit der Anatomie fortzufahren und den Mädchen zu erklären, warum es wichtig ist, einen starken Beckenboden zu haben. Zu diesem Zeitpunkt kann man mit Kneifübungen (siehe Seite 29) beginnen.

Wenn eine Frau keine Empfindung für die Muskulatur ihres Beckenbodens hat, wenn sie nicht weiß, wie diese beschaffen ist, dann kennt sie die Funktion dieser Muskeln nicht und kann sie nicht richtig gebrauchen. Sie wird dadurch um eine wichtige Möglichkeit gebracht, zum Orgasmus zu kommen. Nicht selten führt dies zu Enttäuschungen in Partnerschaft und Ehe, möglicherweise wird sich die Frau für gefühlskalt oder frigide halten.

Viele Frauen erleben keinen Orgasmus, weil sie ihre Beckenbodenmuskeln nicht richtig einsetzen können

Seele und Körper bilden eine Einheit

»Mit deiner Seele verliebst du dich, mit deinem Körper vollziehst du die Gemeinschaft«, heißt es. Der erste Schritt verursacht kaum Probleme, beim zweiten jedoch können durchaus einige entstehen. Aus diesem Grunde ist es sehr wichtig, dass die Frau mehr über sich selbst erfährt. Dazu gehören Übung und – wenn das Liebesglück zufrieden stellend sein soll – nicht zuletzt die Fähigkeit, die Muskeln des Beckenbodens willentlich sowohl anspannen als auch entspannen zu können. Vieles hängt von der Beschaffenheit des Beckenbodens ab – ist er doch ein Teil des Mosaiks, ein Teil der Ganzheit, die den Menschen ausmacht. Es gibt viele Faktoren, die diese Ganzheit sowohl körperlich als auch seelisch stören können; das Orgasmusproblem stellt jedoch etwas Zentrales dar.

Bewusstes Muskeltraining beugt Problemen vor und erhöht das Liebesglück

Was tun bei seelischen Hemmungen?

Einigen Frauen bleibt es aufgrund von unterschiedlichen Ängsten oder Hemmungen (z. B. Angst vor dem Versagen, Angst, ausgenutzt zu werden, Angst, sich »gehen zu lassen« oder einfach nur Scham) versagt, einen Orgasmus zu erleben. Deutet sich an, dass die Orgasmusprobleme nicht von körperlichen, sondern von seelischen Hemmungen herrühren, rate ich, einen Fachmann aufzusuchen. Wenden Sie sich vertrauensvoll an Ihren Frauenarzt oder an eine/n Sexual- bzw. Ehe- und Familienberater/in.

Muskeln müssen trainiert werden

Jeder Muskel kann ein Leben lang trainiert werden

Muskeln können angespannt und entspannt werden – beides kann willentlich erfolgen, und deshalb ist es wichtig, beides zu üben. Wenn Muskeln nicht ihrem Zweck entsprechend gebraucht werden, verlieren sie an Kraft und Größe. Schwache Muskeln können jedoch durch zweckmäßigen Gebrauch wieder erstarken. Ein Muskel verliert fast nie die naturgegebene Fähigkeit, durch Übungen wieder aktiviert zu werden.

- Wir haben Muskeln, die Gelenke bewegen – z. B. die Beuge- und Streckmuskeln des Armes. Diese können wir sehen, sie berühren. Ihre Funktion ist leicht zu verstehen, weil wir mit Hilfe unserer Sinnesorgane erfahren können, wie der Arm gebeugt oder gestreckt wird. Deshalb ist es nicht schwierig, solche Muskeln zu trainieren, falls sie aus dem einen oder anderen Grund schwach geworden sind.

- Wir haben aber auch Muskeln, die kein Gelenk bewegen und die wir auch nicht sehen können; diese zu trainieren ist nicht so leicht, weil uns in diesem Fall nur das Muskelgefühl helfen kann, und dieses ist vielleicht noch gar nicht »vorhanden«. Aus solchen Muskeln besteht der Beckenboden. Ihre Aufgabe ist es, die verschiedenen Öffnungen zu schließen und die Organe zu stützen.

Ursachen für schwache Beckenbodenmuskeln

Wie sollen Frauen Muskeln einsetzen können, von denen sie nicht wissen, wo sie liegen?

Eine Schwächung der Beckenbodenmuskulatur kann mehrere Ursachen haben: zu große Belastung und zu geringer willentlicher Gebrauch, Schädigung bei einer Entbindung, hormonale Veränderungen in den Wechseljahren, welche die Durchblutung herabsetzen und das Gewebe schrumpfen lassen. Außerdem handelt es sich beim Beckenboden oft noch um ein so genanntes »Tabu-Gebiet«. Das Wesentliche in Bezug auf den Orgasmus ist das unzureichende Wissen über die Funktion der Beckenbodenmuskulatur, das fehlende Bewusstsein dafür. Ihre Erhaltung wurde vernachlässigt, weil die Möglichkeiten dieser Muskulatur nicht hinlänglich nutzbar gemacht worden sind.

Zu Beginn eines Trainings mag es schwer fallen, die Muskeln, die trainiert werden sollen, zu »finden« und Impulse zu ihnen auszusenden – darauf werde ich noch zurückkommen. Außerdem lehrt die Erfahrung, dass ein zu hoher Druck im Unterleib (der intrapelvine Druck) die Empfindungsfähigkeit für die Muskulatur im Beckenboden behindern kann.

Selbst wenn die Muskeln schwach sind, können sie dennoch angespannt sein; deshalb ist es wichtig zu lernen, wie man Entspannung bzw. Anspannung erkennt (über Entspannung siehe Seite 59 ff.).

Mein Tipp

Falls Sie solche Koordinationsschwierigkeiten haben, können Sie in meinem bereits erwähnten Buch »Erfolgreiche Hilfen gegen Harninkontinenz« mehr darüber erfahren, wie der innere Druck mit Hilfe von Venenpumpübungen herabgesetzt werden kann, so dass es Ihnen danach leichter fällt, die »verborgenen Muskeln« zu steuern.

Muskelarbeit erlaubt abwechselnde An- und Entspannung

Muskeln arbeiten, indem sie sich abwechselnd an- und entspannen. Dieser rhythmische Wandel zwischen zwei Gegensätzen kommt in unserem Leben in verschiedenen Erscheinungsformen zum Ausdruck. Beide Anteile (Pole, Möglichkeiten, Funktionen) sind von Bedeutung. Das gilt auch für den Orgasmus.

Der Orgasmus: Teil eines bedeutenden Regulationsmechanismus

In der Natur gibt es Elemente, die sich gegenseitig auf- und abbauen. In allen diesen Beziehungen handelt es sich um eine Zu- und Abnahme, um einen rhythmischen Wechsel zwischen Anspannung und Entspannung. Dieser Wechsel kann schnell vor sich gehen, wie bei einer Welle, oder langsam, wie bei den Jahreszeiten. Der Mensch ist Teil der Natur. Jedes einzelne Organ ist denselben Naturgesetzen unterworfen wie der gesamte Organismus. Wir erleben ein rhythmisches Zu- und Abnehmen auf vielfältige Art und Weise – und mit unterschiedlicher Geschwindigkeit in seinem Ablauf. Unsere Atmung gehorcht einem raschen Wechsel wie eine Welle; unsere Arbeitslust und unser Drang nach Ruhe folgen einem 24-Stunden-Schema. Frauen haben ihren Menstruationsrhythmus. Auch der sexuelle Trieb entsteht rhythmisch als eine Aufladung, die ihre Entladung in Form des Orgasmus verlangt.

Der Mensch ist ein Abbild der Natur, und es herrscht eine voraussagbare Ordnung im menschlichen Organismus. Auch in unserem Nervensystem findet sich diese Ordnung der Natur; es gibt hier ebenfalls zwei Gegensätze, die einander im Gleichgewicht halten – etwas, das bewegt, und etwas, das hemmt. Auf unseren Bewegungsapparat können wir willentlich Einfluss nehmen; wie Sie vorhin gelesen haben, können wir uns vornehmen, Muskeln anzuspannen, und wir können bewusst Impulse gegensätzlicher Art aussenden, welche die Spannung aufheben.

Auf unseren Bewegungsapparat können wir willentlich Einfluss nehmen, auf die inneren Organe nicht

Anders verhält es sich mit den inneren Organen – auf sie hat unser Wille keinen Einfluss. Die inneren Organe werden vom vegetativen (autonomen) Nervensystem gesteuert, das sich selbst reguliert und ohne Mitwirken des Willens funktioniert. Genauso wie wir im willkürlichen (somatischen) Nervensystem zwei Gegensätze haben – Anspannung und Entspannung – gibt es auch im autonomen (vegetativen) System gegensätzliche Reaktionsweisen: eine, die dämpft, und eine, die erregt. Beide Anteile ergänzen sich zu einem wichtigen Regulationsmechanismus, der unablässig den Organismus an die vorhandene Situation anpassen soll.

Leben im Gleichgewicht

Der Mensch befindet sich im Gleichgewicht, wenn über einen längeren Zeitraum weder die dämpfenden noch die erregenden Reaktionen überhand nehmen, also ein rhythmischer Wechsel zwischen beiden vorliegt. Das Bedürfnis wirkt erregend – seine Befriedigung beruhigend. Durch alle unsere Handlungen suchen wir eine Balance aufrecht zu erhalten, indem wir unsere Bedürfnisse stillen: Wir ruhen, wenn wir müde sind, wir essen, wenn wir hungrig sind. Ein Bedürfnis bringt uns dazu, nach dessen Befriedigung zu suchen; wenn uns das nicht gelingt, werden wir gereizt und unausgeglichen.

Ebenso verhält es sich mit dem sexuellen »Hunger« und dessen Befriedigung durch den Orgasmus. Bleibt der Orgasmus bei einem Geschlechtsverkehr aus, löst sich die Spannung nicht auf; das kann als unerträgliche Disharmonie erlebt werden und auf längere Sicht belastend wirken.

Auslöser des Orgasmus

Ein Orgasmus kann auf verschiedene Weise ausgelöst werden, einerseits durch ausschließliche Stimulation des Kitzlers (Klitoris), wie in vielen Büchern beschrieben, andererseits durch Stimulation der Scheide (Vagina). Man kann deshalb von Klitoris-Orgasmus und Vaginal-Orgasmus sprechen. Dabei geht es nicht um ein Entweder-oder, beide Formen können auch nebeneinander existieren.

Ein Orgasmus kann durch beides, die Stimulation der Klitoris und die Reizung der Vagina ausgelöst werden

Die meisten Frauen kennen den klitoralen Orgasmus, es haben jedoch nicht alle den vaginalen erlebt. Frauen, die nur den klitoralen Orgasmus kennen, sind körperlich und seelisch nicht anders beschaffen als solche, die auch den vaginalen Orgasmus erleben – doch sind ihre sexuellen Funktionen aus verschiedenen Gründen nicht so vielseitig entwickelt wie von der Natur vorgesehen. Erlebt wird der Orgasmus als Höhepunkt einer lustvollen Spannung, die in eine herrliche Entspannung mündet.

Sich selbst Entspannung verschaffen

Selbstverständlich kann der erwünschte Orgasmus auch durch Selbstbefriedigung erreicht werden – eine sehr angenehme und wohl tuende Möglichkeit für diejenigen, die ihr Nervensystem selbst ins Gleichgewicht bringen möchten. Schließlich ist es generell von Vorteil, mit seinem Körper vertraut zu sein. Das Wort Onanie (Selbstbefriedigung) sollte allerdings durch ein anderes ersetzt werden, weil es für einige mit dem Vorurteil einer unerlaubten Handlung belastet ist. Der Hauptzweck der Selbstbefriedigung besteht jedoch in einer vegetativen Justierung, in der Herstellung eines Gleichgewichtszustandes im vegetativen Nervensystem. Die Triebkraft, die dem zugrunde liegt, ist aufgestaute Spannung, und der Spannungszustand im Organismus

Selbstbefriedigung darf kein Tabu sein – sie befreit von aufgestauter Spannung

verlangt nach einer Veränderung zum Gegensätzlichen hin. Und dieses geschieht eben dann, wenn die Spannung am Höhepunkt, im Orgasmus, wie eine Woge »bricht«.

Die Spannung geht über in Entspannung – ein natürliches Bedürfnis wird befriedigt. Auf welche Art der Orgasmus zu Stande kommt, ist meiner Ansicht nach moralisch gesehen ohne Bedeutung. Es ist eine Tatsache, dass Bedürfnisse bei den einen größer sein können als bei den anderen. Der Natur stehen zur Erreichung ihrer Ziele immer mehrere Wege offen und der Orgasmus kann auf verschiedene Weise ausgelöst werden.

Die Scheide

Auf die glatte Muskulatur der Scheide können wir willentlich keinen Einfluss ausüben

Im Folgenden wollen wir uns einen Überblick über die Lage der Scheide und der Unterleibsorgane im Becken verschaffen. In der Abbildung 1 sieht man, dass die Gebärmutter hinter der Harnblase liegt und diese wiederum direkt hinter dem Schambein. Die Harnröhre ist etwa vier Zentimeter lang, und Sie können erkennen, dass die Scheide bedeutend länger ist (sieben bis zehn Zentimeter) und einen schrägen Verlauf hat.

Es ist charakteristisch für die Scheide, dass sie sich leicht dehnen lässt. Sie verfügt jedoch nicht über einen eigentlichen Schließmuskel wie die Harnröhre und der Mastdarm – es sind die rundum gelegenen Beckenmuskeln, die sie verengen können, indem sie sich heben und zusammenziehen. Die Scheide besteht aus so genannter »glatter« Muskulatur, Organ-Muskulatur, auf die wir keinen willentlichen Einfluss haben. In ihrem Inneren ist sie mit einer dicken Schleimhaut ausgekleidet. Die vordere Wand der Scheide ist mit der hinteren Wand der Harnröhre eng verbunden, was bewirkt, dass beide bis zu einem gewissen Grad dasselbe Los erleiden.

Wenn die Beckenbodenmuskulatur so sehr erschlafft ist, dass die Gebärmutter vorfällt, dann kann mit ihr auch die Harnblase nach unten gezogen werden.

Die Scheide ist reichlich mit Blutgefäßen versorgt. Um sie herum liegt ein Geflecht von Arterien und Venen. (Die Arterien

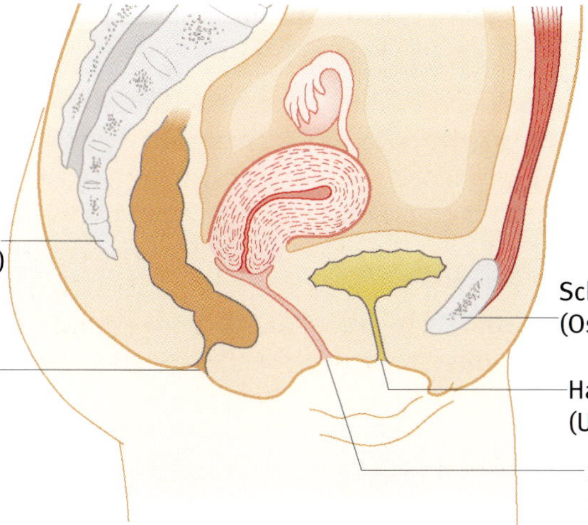

Abb. 1

führen das Blut vom Herz weg, das durch seine Pumpbewegung für die Blutzirkulation sorgt. Durch die Venen kehrt das Blut zum Herzen zurück, indem es durch Muskelbewegungen vorwärts gepumpt wird, weshalb man auch von einer »Venenpumpe« spricht.) Ein gelungener Geschlechtsakt kann wie eine Venenpumpe wirken und das Nachlassen des Druckes in den Venen ist gerade eine der Erscheinungen, die beim Orgasmus stark erlebt wird, weil sich Wärme über den ganzen Körper ausbreitet.

In der Scheide befinden sich keine Drüsen, vielmehr wird sie durch eine Flüssigkeit feucht gehalten, die durch die Scheidenwände tritt. Diese Feuchtigkeit nennt man Lubrikation. Nach dem Klimakterium (Wechseljahre) ist die Feuchtigkeitsmenge aufgrund eines Mangels an Östrogenen verringert; manche Frauen erleben dann die Scheide als trocken und schmerzempfindlich. Die Einführung des männlichen Gliedes verlangt einen ausreichenden Feuchtigkeitsgrad der Scheide. Um diesen zu erreichen, kann man Hormonpillen einnehmen (Hormoner-

In oder nach den Wechseljahren leiden viele Frauen aufgrund des Östrogenmangels an einer trockenen Scheide

satztherapie) oder eine Hormoncreme lokal in der Scheide anwenden, auch Gleitcreme oder Mandelöl schaffen Abhilfe.

In der Scheide selbst gibt es fast keine Empfindungsnerven, jedoch in den umgebenden Muskeln – und diese wollen wir nun näher betrachten.

Der Scheidenmuskel

Der Scheidenmuskel hängt einer Hängematte ähnlich zwischen Scham- und Steißbein

- Sie sehen in Abbildung 2 das gleiche Bild wie zuvor, allerdings ist zusätzlich ein Teil der Beckenbodenmuskulatur dargestellt. Die Art, in welcher der Scheidenmuskel aufgehängt ist, ähnelt ein bisschen einer Hängematte. Von der Innenseite des Schambeins (*Os pubis*) erstreckt sich der Muskel auf beiden Seiten der Harnröhre, der Scheide und des Mastdarms wie ein elastisches Band nach hinten zum Steißbein (*Os coccygis*). Er ist zum einen direkt am Steißbein, zum anderen an einem Sehnenstrang befestigt, der vom Steißbein zur Rückseite des Mastdarms führt. Dieser Muskel heißt in der Fachsprache *Musculus pubococcygeus*.

- Abbildung 3 zeigt den Pubococcygeus-Muskel von oben. Dieser Muskel verläuft in drei Strängen, die alle an der Innenseite des Schambeins entspringen. Sie können auf der Zeichnung sehen (vergleichen Sie dies auch mit Abb. 2), dass der äußerste Strang vom Schambein (*Os pubis*) zum Steißbein (*Os coccygis*) verläuft und deshalb seinen Namen wirklich zu Recht trägt. Der mittlere Muskelstrang verläuft wie eine U-förmige Schlinge um den Mastdarm (*Rectum*) herum und auf der anderen Seite wieder zum Schambein zurück. Zieht man diesen Strang zusammen, wird der Darm eingeschnürt, so dass der Stuhl nicht bis zur Mastdarmöffnung (*Anus*) gelangen kann. Dieser Teil des Muskels wird *puborectalis* genannt.

Dem dritten Strang des Muskels fällt bei unserem Thema die wichtige Rolle zu. Er entspringt, wie die beiden anderen Stränge, am Schambein, verläuft dann an der Harnröhre und der Scheide vorbei und ist im Gewebe zwischen Scheide und Mastdarm befestigt – im Zentrum des Beckenbodens. Da der Parallelstrang auf der gegenüber liegenden Seite von Scheide und Harnröhre zurück zum Schambein führt, entsteht hier eine Schlin-

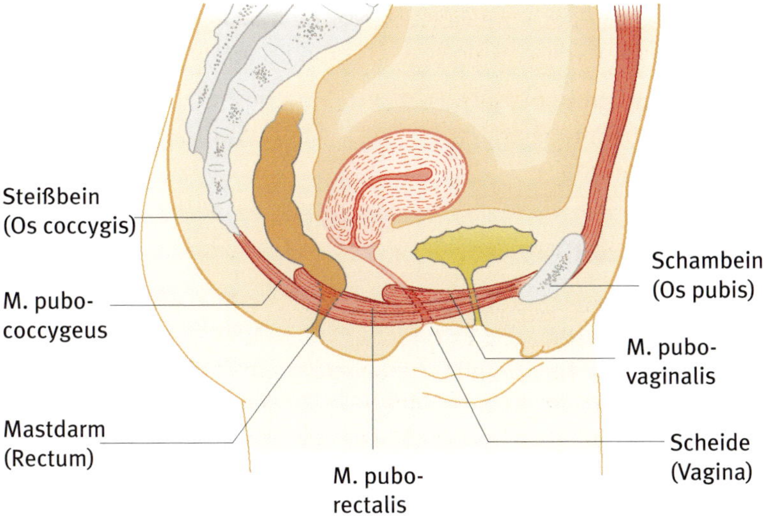
Steißbein
(Os coccygis)
M. pubo-
coccygeus
Mastdarm
(Rectum)
M. pubo-
rectalis
Schambein
(Os pubis)
M. pubo-
vaginalis
Scheide
(Vagina)

Abb. 2

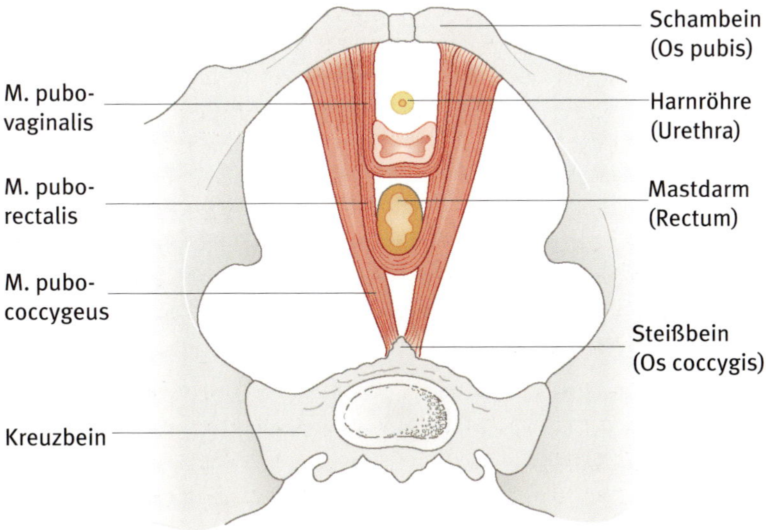
Schambein
(Os pubis)
M. pubo-
vaginalis
Harnröhre
(Urethra)
M. pubo-
rectalis
Mastdarm
(Rectum)
M. pubo-
coccygeus
Steißbein
(Os coccygis)
Kreuzbein

Abb. 3

genwirkung, indem sich der Muskel selbst zusammenzieht und gleichzeitig das Zentrum nach vorn zieht. Harnröhre und Scheide treten auf diese Weise durch einen Muskelspalt aus der Muskulatur heraus, mit der sie fest verbunden sind. Daraus wird klar, dass ein Training mit dem Ziel, diese Muskulatur elastisch zu machen, große Bedeutung für die Harnblasen- und Sexualfunktion hat. Durch das Zusammenziehen der Muskelstränge um Harnröhre und Scheide werden die Muskeln gestrafft. Der Name dieses Muskelstrangs ist *Musculus pubovaginalis*. An einigen Stellen des Buches wird er *Scheidenmuskel* genannt. Gleichzeitig mit dem Abklemmen entsteht eine Sogwirkung, weil die gesamte Beckenbodenmuskulatur normalerweise nach unten durchgebogen ist und beim Zusammenziehen angehoben wird; sowohl Scheide als auch Harnröhre werden also gestreckt und noch weiter angespannt.

Der Scheidenmuskel umschließt nicht nur die Scheide, sondern auch die Harnröhre

Die Muskeln »spielen« lassen

Abbildungen zu betrachten, ist hilfreich, wenn man sehen möchte, wie alles zusammenhängt. Aber wie es wirklich funktioniert, können Sie nur durch Tasten begreifen. Sie sollten daher nicht davor zurückschrecken, das Innere Ihrer Scheide zu berühren – nichts liegt näher, wenn Sie genauere Kenntnisse erwerben wollen. Lassen Sie also ruhig einmal den Mittelfinger in die Scheide hinaufgleiten und fühlen Sie selbst, wie geräumig und wie lang die Scheide ist und dass Sie den Raum bewusst einengen können. Verwenden Sie den Finger auch dazu, den Muskel herauszufordern. Nehmen Sie sich vor, den Finger zu umklammern, und stellen Sie dann fest, dass der Muskel »antwortet«. Wenn Ihre gesamte Beckenbodenmuskulatur erstarkt ist, können Sie die hebende Wirkung wie einen Sog wahrnehmen und Sie können auch den Druck des Scheidenmuskels um den Finger herum deutlich spüren – so wird nicht nur die Scheide verengt, sondern auch etwas nach vorn gezogen. Es ist die Schlingenwirkung des Scheidenmuskels, die Sie dabei erleben.

Schrecken Sie nicht davor zurück, das Innere Ihrer Scheide mit dem Mittelfinger zu ertasten

Wie eine Manschette

Der Scheidenmuskel ist von großer Bedeutung für die Sexualität der Frau. Er umgibt unmittelbar die Scheidenwände, und er wirkt nicht nur wie eine Manschette, die zusammengezogen werden kann, sondern er ist auch reichlich mit empfindsamen Nervenenden versorgt, die sowohl auf Zug als auch auf Druck reagieren. Wenn die Scheide ausgeweitet und ein fester Druck ausgeübt wird, ermöglicht dies der Frau starke sexuelle Empfindungen. Beim Geschlechtsakt verstärkt sich der Druck, wenn die Frau den Scheidenmuskel um das männliche Glied zusammenzieht. Diese Aktivität kann gelernt und geübt werden.

Das Perineometer – eine geniale Erfindung

1930 schrieb van de Velde in seinem Buch »Die vollkommene Ehe«, dass Übungen der Scheidenmuskeln bei Frauen gänzlich vernachlässigt werden würden. Immer wenn es ihm gelänge, den Frauen beizubringen, wie sie ihre Beckenbodenmuskulatur zusammenziehen können, hätte dies ein erfüllteres Geschlechtsleben zur Folge. 21 Jahre später schrieb der amerikanische Gynäkologe Arnold Kegel in einem Artikel über die sexuelle Funktion, dass jede Frau, die über Probleme im sexuellen Bereich klage, auf eine Fehlfunktion ihres Pubococcygeus-Muskels untersucht werden solle. Bei einem hohen Prozentsatz der Fälle zeige sich, dass »fehlende vaginale Empfindungen« und so genannte Frigidität (Gefühlskälte) auf eine Unterfunktion dieses Muskels zurückgeführt werden könnten. Untersuchungen wiesen einen engen Zusammenhang zwischen der Stärke des Muskels und den sexuellen Empfindungen nach.

Probleme im sexuellen Bereich sind oft auf eine Fehlfunktion des Scheidenmuskels zurückzuführen

Es war Zufall, dass Kegel diese Entdeckung machte. Weil er Patientinnen mit Inkontinenz (unfreiwilliger Harnabgang) nur ungern operierte, versuchte er stattdessen, deren Beckenbodenmuskulatur zu trainieren. Zu diesem Zweck entwickelte Kegel einen Apparat, bei dem ein Gummizylinder mit einem Manometer verbunden ist (Abb. 4).

Zunächst wurde der Gummizylinder in die Scheide eingeführt, danach die Frau aufgefordert, ihre Beckenbodenmuskulatur so kräftig wie möglich zusammenzuziehen, ohne gleichzeitig den Bauch einzuziehen. Wenn sich die Beckenbodenmuskulatur um den Gummizylinder herum anspannte, schlug der Zeiger des Manometers (Messgerät) aus. Das so genannte Kegel-Perineometer kann mit eindeutigen Zahlen nachweisen, was ein Scheiden-

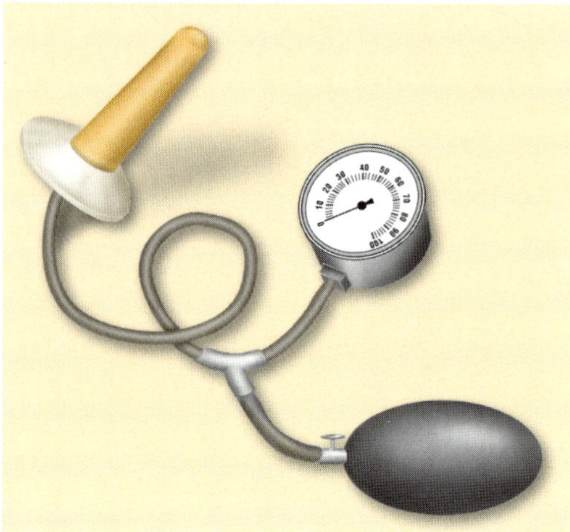

Abb. 4

Kegels Perineometer versprach eine große Wirkung: Die höhere Leistungsfähigkeit des Pubococcygeus-Muskels heilte nicht nur die Harninkontinenz, sie steigerte auch das sexuelle Empfinden

muskel zu leisten vermag (gemessen in mmHg). Kegels Untersuchung schloss 560 Patientinnen ein, von denen die meisten von ihrer Inkontinenz geheilt wurden.

Im Zusammenhang mit seiner Arbeit entdeckte Kegel aufgrund der Aussagen der Patientinnen ein weiteres Ergebnis der gesteigerten Leistungsfähigkeit des Pubococcygeus-Muskels (der sich sowohl um die Harnröhre als auch um die Scheide spannt): Die Empfindlichkeit in der Scheide »erwachte« und wurde verstärkt. Außer der Heilung von ihrer Inkontinenz erlebten die Frauen zu ihrer großen Überraschung auch ein besseres Geschlechtsleben.

Im Ergebnis kam Kegel zur Feststellung: Bei gut entwickelten Beckenbodenmuskeln gibt es nur wenige sexuelle Probleme; sind die Muskeln jedoch schwach und unterentwickelt, dann stellen sich gewöhnlich auch sexuelle Gleichgültigkeit oder Unzufriedenheit ein.

Bei effektivem Training besteht also eine berechtigte Hoffnung auf Besserung.

Fallbeispiel

Heilung einer Inkontinenz

Als ein charakteristisches Beispiel veröffentlichte Kegel die Krankengeschichte einer 42-jährigen Frau, deren seit 21 Jahren bestehende Ehe kinderlos geblieben war.

Grund für die Konsultation war eine Inkontinenz, die bereits seit sieben Jahren bestanden hatte. Die Untersuchung zeigte, dass die Scheide im mittleren Drittel sehr geräumig war. Die Patientin gab an, sie hätte nicht gewusst, dass man diesen Muskel willentlich zusammenziehen könne. Mit Hilfe von Übungen mit dem Perineometer gelang es im Laufe von sechs Wochen, den Druck des Scheidenmuskels von 0 auf 12 mmHg zu steigern.

Die Inkontinenz war damit geheilt. Bei der letzten Konsultation – drei Monate nach dem ersten Besuch – erwähnte die Patientin, sie und ihr Mann hätten sich gewünscht, schon 20 Jahre zuvor gewusst zu haben, dass man diese Muskeln trainieren könne. Als Kegel sich nach dem Grund erkundigte, erzählte die Patientin, ihr Geschlechtsverkehr sei niemals zufrieden stellend gewesen. Entweder hatte sie nur sehr wenig empfunden oder die Empfindungen in der Scheide sogar als unangenehm erlebt. Aus diesem Grund blieb das bisherige sexuelle Zusammensein auf einige Male im Jahr beschränkt. Nach dem Training des Scheidenmuskels aber hatten sie und ihr Mann nun mehrere Male in der Woche Sex und die Frau hatte zum ersten Mal in ihrem Leben einen Orgasmus erlebt.

Die abschließende Untersuchung zeigte, dass der Scheidenmuskel breiter und dicker geworden war, und die Stärke der Muskelkontraktion hatte 24 mmHg erreicht.

Zwei Jahre später war die sexuelle Beziehung des Paares noch immer zufrieden stellend.

Kraftproben: Wie stark ist Ihr Scheidenmuskel?

Die Stärke des Scheidenmuskels können Sie ohne Weiteres selbst kontrollieren. Welche Möglichkeiten es dazu gibt, habe ich im Folgenden zusammengestellt:

- Sie können – wie auf Seite 24 erwähnt – den Mittelfinger in die Scheide einführen und dann versuchen, den Scheidenmuskel um diesen herum anzuspannen. Auf diese Weise können Sie die Spannung sowohl im Muskel als auch mit dem Finger wahrnehmen.

Wenn Sie ohne Mühe Ihren Harnstrahl „abzwicken" können, haben Sie einen kräftigen Scheidenmuskel

- Aufschlussreich ist auch die »Methode zur Unterbrechung des Harnstrahls«, da derselbe Muskel sich um Harnröhre und Scheide spannt. Und so wird es gemacht: Nutzen Sie einen Augenblick, in dem Ihre Harnblase gut gefüllt ist (z. B. frühmorgens) und Sie einen kräftigen Harnstrahl erwarten dürfen. Achten Sie darauf, an welcher Stelle Sie entspannen, wenn der Harn zu laufen beginnt. So können Sie die Muskulatur lokalisieren und bewusst erleben, wann sie schlaff und wann sie angespannt ist. Wenn der Strahl dann kräftig fließt, »zwicken« Sie ihn ab, indem Sie Ihre Muskulatur aktivieren. Gelingt Ihnen dies vollständig, ist das ein gutes Zeichen. Aber versuchen Sie dies nicht zu oft – es ist keine Übung.

- Eine dritte Möglichkeit zu spüren, wie kräftig Sie den Muskel um die Scheide herum anspannen können, ist der »Tampontest«: Legen Sie einen Tampon ein und kneifen Sie fest zusammen, wobei Sie versuchen, ihn herauszuziehen. Also: Gleichzeitig festhalten und ziehen. Mit diesem Test bekommen Sie eine recht eindeutige Antwort auf die Frage, wieviel Kraft in Ihrem Scheidenmuskel steckt.

Der „Tampontest" oder das Peniskneifen beim Sex sind aussagefähige Muskeltests

- Schließlich gibt es noch die »Naturmethode«. Am einfachsten ist die Kneifwirkung beim Sex zu spüren, weil da der Penis in der Scheide ist. Sie werden es vielleicht als unschicklich empfinden, diese Situation für einen Muskeltest auszunützen, aber es soll ja gerade bei dieser Gelegenheit die Kraft des Muskels zur Entfaltung kommen, und so ist es wohl angemessen, sie gerade hier auch zu prüfen.

Übungen zur Rehabilitation

Ihr Trainingsprogramm

Kneifübungen im Überblick

- Kräftiges Anspannen des Beckenbodens unter der Dusche, Seite 32
- Anspannen und Entspannen der Gesäßmuskulatur auf dem Stuhl, Seite 33
- Anspannen und Entspannen des Beckenbodens auf dem Stuhl, Seite 34
- Training der Scheidenmuskulatur (»Klatschübung«), Seite 34
- Kräftiges Kneifen auf dem Fahrradsattel, Seite 35
- Kräftiges Anspannen des Beckenbodens im Liegen (mit ausgestreckten Beinen), Seite 37
- Kräftiges Anspannen des Beckenbodens im Liegen (mit angewinkelten Knien) – »Beckenkipper«, Seite 37
- Kräftiges Anspannen des Beckenbodens im Liegen (mit angespreizten Knien), Seite 37

Lassen Sie uns gemeinsam den nächsten Schritt machen. Wir setzen voraus, dass Sie Ihren Scheidenmuskel »gefunden« haben. Sie haben ihn berührt, seine Stärke untersucht, auf verschiedene Weise Erfahrungen mit ihm gemacht und dabei ein Bewusstsein für den Muskel erworben (man könnte auch sagen, der Muskel ist »geweckt« worden).

Wenn Sie Ihren Scheidenmuskel erst einmal gefunden und seine Stärke untersucht haben, kann das eigentliche Training losgehen ...

Eine Grundvoraussetzung für den Erfolg des Trainings ist, dass Ihr Gehirn einen Befehl an den Muskel sendet, der zusammengezogen werden soll. Dieser Impuls muss allerdings auch empfangen werden können – man spricht in diesem Fall von Koordination.

Wenn Sie gerade eine Geburt hinter sich haben

Kurz nach dem Ende der Schwangerschaft ist Beckenbodentraining meist sehr schmerzhaft

Unmittelbar nach einer Niederkunft kann es schwierig sein, die Beckenbodenmuskulatur zu trainieren, da die Koordination der Muskeln nicht selten beeinträchtigt ist. Sie sind ja gerade gewaltig gedehnt worden. Befindet sich zudem durch einen operativen Eingriff eine Naht am Scheideneingang, ist das Zusammenziehen der Muskeln äußerst schmerzhaft. Das hält so manche frisch gebackene Mutter davon ab, die Übungen durchzuführen.

Man muss wohl davon ausgehen, dass es nach dem Wochenbett eine gewisse Zeit dauert, bis die Muskulatur wiederhergestellt ist – insbesondere dann, wenn die Geburt mit einem operativen Eingriff verbunden war. Sie müssen auch damit rechnen, dass die Wiederaufnahme des Geschlechtslebens anfänglich enttäuschend ist. Vielleicht haben Sie selbst noch gar keine Lust dazu, sind zu müde oder empfinden vielleicht gar nichts. Möglicherweise ist es nur eine Frage der Zeit; wenn sich die Nervosität über die große neue Verantwortung, die Sie nun haben, gelegt hat, das Kind erst einmal die Nacht durchschläft und Sie selbst sich erholt haben, sollten die Voraussetzungen wieder stimmen.

Kein Spaß mehr am Sex?

Es gibt eine psychologische Erklärung, die davon ausgeht, dass ein Fehlen der sexuellen Lust nach der Niederkunft darauf zurückzuführen ist, dass die Frau ihre Gefühle vom Mann auf das Kind übertragen hat – schenken Sie dieser These keinen Glauben. Das Fehlen der Lust kann meist darauf zurückgeführt werden, dass der Tonus (die normale Muskelspannung) nach einer Geburt herabgesetzt ist.

Von Frauen, die gerade entbunden haben, kann man häufig die Feststellung hören: »Ich fühle nicht mehr dasselbe wie vor der Geburt.« Dafür gibt es glücklicherweise eine rein physische Erklärung, und die normale Kraft und Elastizität des Scheidenmuskels kann auf ganz natürliche Weise durch gezielte Übungen wieder erarbeitet werden. Bei etwa 75 Prozent aller Erstgebärenden wird ein operativer Eingriff am Damm vorgenommen, und es kann passieren, dass die Naht nicht gut gelingt. Wenn es Ihnen also nicht möglich ist, die Muskeln des Beckenbodens zu Ihrer Zufriedenheit wiederherzustellen, sollten Sie sich mit Ihrem Arzt beraten und die Narbe im Nachhinein eventuell korrigieren lassen.

Ich möchte es nochmal wiederholen: Muskeln, die nicht ihrem Zweck entsprechend gebraucht werden, erschlaffen und bilden sich zurück. Sie können jedoch wieder erstarken und an Fülle gewinnen, wenn man sie trainiert – unabhängig vom Alter –, denn Muskeln verlieren niemals die Fähigkeit zur Regeneration. Ich finde, es liegt etwas Faszinierendes in dem Gedanken, dass man imstande ist, Kräfte zu entfalten – wenn man es sich nur wünscht.

Warum es wichtig ist, Kraft zu entwickeln

Kraft ist im Grunde ein eigentümliches Phänomen: Je mehr man braucht, desto mehr bekommt man. Gebraucht man sie jedoch nicht, verliert man sie. Kräfte lassen sich auf keine andere Art erwerben, als dass man sie selbst entwickelt. Eine Operation kann Ihnen keine Muskelkraft geben, sie kann nur die Gegebenheiten ändern. Die Einzige, die der Natur helfen und mehr Kräfte erzeugen kann, sind Sie selbst.

Das Prinzip des Krafttrainings besteht darin, einen Muskel mit größtmöglicher Intensität anzuspannen

Um dies wirkungsvoll tun zu können, müssen Sie das Prinzip des Krafttrainings respektieren. Es besteht darin, dass es einer Muskelanspannung von größtmöglicher Intensität bedarf, wenn eine Übungswirkung erzielt werden soll. Das bedeutet, dass man mehr Kraft aufbringen muss, als man zu haben glaubt und diese längere Zeit anwenden muss, als man zu können meint. Nach der Anstrengung soll der Muskel doppelt so lange ruhen, wie er gearbeitet hat. Wenn Sie ihn also fünf Sekunden lang aus allen Kräften angespannt haben, sind zehn Sekunden Pause erforderlich.

Es ist weniger wichtig, die folgenden Kneifübungen häufig zu wiederholen, vielmehr kommt es darauf an, dass sie intensiv durchgeführt werden, sowohl was die Anspannung als auch was die Entspannung betrifft.

TEIL 1

Die Kneifübung

Die Muskeln des Beckenbodens wirken gleichzeitig: Sie straffen, heben und ziehen den Beckenboden zusammen

Die Muskulatur des Beckenbodens ist einerseits außerordentlich kompliziert, weil sich die Muskeln nach allen Richtungen hin ziehen – sowohl kreuz und quer als auch schräg – und außerdem als Ringmuskeln und Schlingen; andererseits ist ihre Funktion einfach, weil alle Muskeln gleichzeitig wirken. Das ergibt eine »Gesamtstraffung«, die gleichzeitig hebt, zum Mittelpunkt hin sammelt und zusammenschnürt. Deshalb gibt es in Wirklichkeit nur eine einzige Übung, um den Beckenboden zu trainieren: die so genannte Kneifübung. Variationen entstehen durch die verschiedenen Körperhaltungen, in denen man übt. Kneifübungen können Sie im Stehen, Sitzen oder Liegen durchführen.

Mein Tipp

Einen Muskel anzuspannen fällt am leichtesten, wenn er dabei berührt wird. Das haben Sie bei dem eingeführten Finger erlebt. Aber Sie können auch auf den gesamten Beckenboden einen Druck von außen ausüben und dabei den Widerstand verstärken, was noch mehr aktiviert.

Übung im Stehen

Üben Sie im Stehen unter der Dusche und spannen Sie den Beckenboden dabei kräftig an

- **Kräftiges Anspannen des Beckenbodens unter der Dusche.** Diese Übung können Sie beispielsweise unter der Dusche ausführen. Stellen Sie dazu Ihre Füße etwa schulterbreit auseinander. Ihre Handflächen haben genau die richtige Breite, um damit den Beckenboden zu bedecken. Legen Sie zunächst die rechte Hand von vorn auf den Beckenboden, so dass die Handwurzel fest gegen das Schambein drückt – dann legen Sie die linke Hand von hinten über die rechte Hand (umgekehrt, wenn Sie Linkshänderin sind).

Nun üben Sie einen gleichmäßigen Druck auf den gesamten Beckenboden aus. Benutzen Sie die Kraft der Arme und heben Sie sich selbst kräftig hoch, wobei Sie gleichzeitig den rechten Mittelfinger in die Scheide hinaufgleiten lassen. Spannen Sie nun den Beckenboden mit aller Gewalt an und halten Sie die Spannung, so lange es geht. Atmen Sie gleichmäßig ein und aus, während Sie die ganze Zeit darauf achten, das sich auf den Mittelpunkt konzentrierende Heben der Scheide zu spüren. Entspannen Sie danach den Beckenboden wieder.

Sie werden zwar in der Dusche keinen Sekundenzeiger haben, aber Sie können sich einen vorstellen und mitzählen. Am ersten Tag schaffen Sie diese Übung möglicherweise nur fünf Sekunden; Sie sollten aber versuchen, im Laufe der Zeit auf zehn Sekunden zu kommen.

Mein Tipp

Ich würde diese Übung zur Kontrolle meines Trainings benutzen, denn gerade in dieser Situation lässt sich die Spannung des Muskels am deutlichsten wahrnehmen. Hier können Sie fühlen, ob Sie stärker geworden sind, weil Sie sowohl vom Finger als auch vom Muskel selbst eine »Antwort« bekommen. Sie erleben also eine doppelte Wahrnehmung.

Je vertrauter Sie mit der Empfindung des Zusammenschnürens und des nachfolgenden Entspannens werden, umso leichter werden Sie sich diese auch zu anderen Zeitpunkten ins Gedächtnis rufen können.

Übungen im Sitzen

- **Anspannen und Entspannen der Gesäßmuskulatur auf dem Stuhl.** Folgende Übung können Sie übrigens leicht und unbemerkt bei einer sitzenden Tätigkeit auch nebenbei ausführen, etwa beim Lesen. Am leichtesten lässt sich die Scheide lokalisieren, wenn das Gewicht des Körpers gerade über ihrer Öffnung liegt – also beugen Sie sich ein wenig vor, bis Sie das Gefühl haben, richtig zu sitzen. Und nun kneifen Sie aus Leibeskräften. Möglicherweise gelingt Ihnen dies nicht, ohne dass Sie auch gleichzeitig die Gesäßmuskeln anspannen; das macht jedoch nichts, solange Sie diese nicht mit den Beckenbodenmuskeln verwechseln.

Die Kneifübung im Sitzen lässt sich von anderen unbemerkt ausführen: Kneifen Sie aus Leibeskräften!

- Damit Sie sicherer erkennen können, um welche Muskeln es sich handelt, müssen Sie sich im Gleichgewicht befinden, der Oberkörper gerade über den Sitzbeinknochen ruhen (Sie sollten am besten auf einem harten Stuhl sitzen). Nun können Sie die Gesäßmuskeln rhythmisch anspannen und entspannen. Sie werden bemerken, dass sich Ihr Gesäß abwechselnd hebt und senkt. Dies ist eine ausgezeichnete Möglichkeit, die Gesäßmuskeln zu lokalisieren und gleichzeitig die Durchblutung anzuregen.

Spannen Sie die Muskeln des Beckenbodens an, ohne die Gesäßmuskeln einzubeziehen und entspannen Sie wieder

- **Anspannen und Entspannen des Beckenbodens auf dem Stuhl.** Beugen Sie sich wieder leicht nach vorn, so dass sich das Gewicht des Oberkörpers genau über dem Scheideneingang befindet. Nun sollen Sie auch die Muskeln des Beckenbodens im rhythmischen Wechsel anspannen, aber bedeutend langsamer und besinnlicher. Sie sollen sowohl die Anspannung als auch die Entspannung sorgfältig registrieren.

- Prüfen Sie, ob Sie in der Lage sind, lediglich die Muskeln des Beckenbodens anzuspannen und zu entspannen – ohne die Gesäßmuskeln mit einzubeziehen. Je bewusster Sie Ihre Beckenbodenmuskulatur wahrnehmen, desto besser.

- **Training der Scheidenmuskulatur (»Klatschübung«).** Der rasche rhythmische Wechsel zwischen Anspannung und Entspannung fällt leicht, wenn es sich um Muskeln handelt, die wir gut kennen. Es kann allerdings schwierig sein, diesen Wechsel mit dem Scheidenmuskel durchzuführen, der uns zum Teil unbekannt ist. Versuchen Sie es trotzdem. Sie müssen Ihre Fantasie zu Hilfe nehmen und sich vorstellen, dass Sie die rechte und die linke Seite der Scheide zusammenklappen (wie das Klatschen zweier Handflächen) – eine ganz kurze, leichte und schnelle Anspannung, die Sie sofort wieder aufgeben (Abb. 5). Diese Empfindung wird Ihnen bekannt sein, denn es sind gerade diese kurzen, rhythmischen Zusammenziehungen des Scheidenmuskels, die beim Orgasmus auftreten. Sie kommen von selbst – ohne bewusstes Zutun.

Abb. 5

- Versuchen Sie nun, dies willentlich zu tun, denn durch die Vorstellung vom leichten Klatschen lässt sich der Muskel leichter in seiner Länge bewegen. Vielleicht ist es für Sie einfacher, den Muskel in Bewegung zu setzen, wenn Sie sich die Scheide zusammengeklappt bzw. offen vorstellen.

- Wenn Sie in aller Ruhe nur Anspannen und Entspannen »spielen«, dann ist die Wirkung stabilisierend und durchblutungsfördernd. Das können Sie machen, so oft Sie wollen. Aber wenn Sie sich konzentrieren und willentlich einen maximalen Kraftaufwand leisten, indem Sie die Muskeln des Beckenbodens anspannen, so ist das Krafttraining und führt zu einer Stärkung. Das dürfen Sie nur wenige Male machen, z. B. fünfmal. Spannen Sie den Muskel mit aller Kraft an und halten Sie fünf Sekunden aus, dann entspannen Sie zehn Sekunden lang und wiederholen Sie das Ganze fünfmal.

- **Kräftiges Kneifen auf dem Fahrradsattel**. Wenn Sie Ihr Krafttraining im Sitzen durchführen wollen, dann kann ich Ihnen ein besonders wirkungsvolles Training der Beckenbodenmuskulatur auf einem Fahrradsattel empfehlen. Der Sattel übt einen Gegendruck aus, der dem Gewicht des ganzen Oberkörpers entspricht und einen Druck mit perfekter Anpassung vermittelt. Machen Sie jedesmal, wenn Sie mit dem Fahrrad unterwegs sind, ein paar gründliche Kneifübungen.

Das Fahrradfahren ist eine fantastische Möglichkeit, die Beckenbodenmuskulatur wirkungsvoll zu stärken

- Fahren Sie im Leerlauf, lassen Sie die Füße auf den Pedalen ruhen und entspannen Sie die Beine – sowohl die Gesäßmuskeln als auch die Muskeln, die auf der Innenseite der Schenkel liegen. Der Gegendruck des Sattels wird Sie erkennen lassen, wo Sie anspannen sollen. Dann »beißen« Sie um den Sattel herum aus allen Kräften zusammen, solange es überhaupt geht. Die Ruhepause soll doppelt solange wie die Kraftanstrengung sein. Aufgrund des Satteldruckes können Sie wahrnehmen, dass die Muskelanspannung sowohl hebend als auch zusammenziehend wirkt; Sie können dabei ein wirklich effektives Trainingsergebnis erzielen, weil Sie in dieser Situation zu einer maximalen Kraftanstrengung fähig sind.

Mein Tipp

Da Sie nicht alle die Gelegenheit haben, auf einem Fahrradsattel zu trainieren, können Sie stattdessen eine Bank oder einen Stuhl mit harter Sitzfläche verwenden. Nachdem man ein fest zusammengerolltes Kissen auf der Unterlage befestigt hat, setzt man sich rittlings darauf und »beißt« zusammen (Abb. 6).

Abb. 6

Übungen im Liegen

Wie kräftig Sie den Beckenboden anspannen können, spüren Sie auch durch diese Übung im Liegen. Vergessen Sie nicht, doppelt so lange zu entspannen, wie Sie angespannt haben.

- **Kräftiges Anspannen des Beckenbodens im Liegen (mit ausgestreckten Beinen).** Beginnen Sie mit ausgestreckten Beinen. Kreuzen Sie die Knöchel, so dass die Außenseiten der Füße einander stützen (Abb. 7) – das hilft Ihnen dabei, die Gesäßmuskeln anzuspannen, wenn das Gesäß mit einbezogen ist. Sie dürfen, wie schon gesagt, die Muskeln nur nicht verwechseln. Sie sollten sich darauf konzentrieren, gleichzeitig zusammenzukneifen, einen Sog nach oben zu erzeugen und abzuschnüren.

Konzentrieren Sie sich darauf, Beckenboden- und Gesäßmuskeln nicht zu verwechseln

Abb. 7

- **Kräftiges Anspannen des Beckenbodens im Liegen (mit angewinkelten Knien) – »Beckenkipper«.** Eine andere Ausgangsstellung ist die mit geschlossenen, angewinkelten Knien und etwas Abstand zwischen den Füßen. Nun legen Sie die Knie aneinander und stemmen die Füße auf den Boden, so dass das Becken kippt und die Lenden den Boden berühren (Abb. 8). Sie dürfen dabei auf keinen Fall den Bauch einziehen oder den Atem anhalten. Nun kommt die schon bekannte Übung mit dem Beckenboden. Sie kneifen zusammen und saugen nach oben und schnüren ab.

- **Kräftiges Anspannen des Beckenbodens im Liegen (mit angespreizten Knien).** Nun versuchen Sie es mit angespreizten Knien. Entspannen Sie sich und lassen Sie die gebeugten Knie so weit wie möglich nach außen fallen. In dieser Stellung können Sie die Gesäßmuskeln nicht anspannen und daher kann es auch zu keiner Verwechslung kommen. Können Sie nun die Muskeln

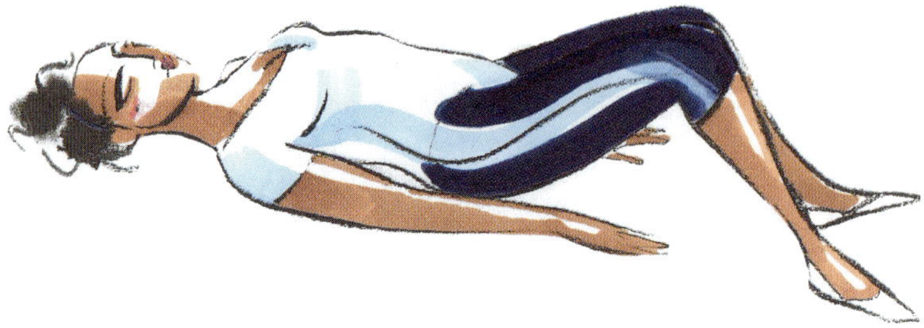

Abb. 8

des Beckenbodens finden und anspannen? Wenn es Ihnen schwer fällt, bedecken Sie den Beckenboden mit einer Hand, denn es ist leichter, einen Muskel anzuspannen, der berührt wird.

Die letzte Übung ist besonders gut für diejenigen geeignet, denen die Entspannung Schwierigkeiten bereitet (siehe Seite 59 ff.). Konzentrieren Sie sich darauf, sowohl Entspannung als auch Anspannung bewusst zu erleben.

Der »bedingte Reflex«*

Automatisches Kneifen schützt die Muskulatur des Beckens und verhindert unfreiwilligen Harnabgang

Reflexe haben eine Schutzfunktion. Automatisches Kneifen in den Beckenboden strapazierenden Situationen »schützt« einerseits vor Überlastung und Schädigung der Muskulatur und andererseits vor unfreiwilligem Harnabgang. Wenn Sie nicht über den natürlichen Beckenbodenmuskelreflex verfügen, schaffen Sie sich selbst einen »bedingten Reflex«.

»Reflexe«, so die Definition laut Brockhaus, »sind eine auf einen bestimmten Reiz hin regelmäßig eintretende, im Allgemeinen vom Willen und von der Mitwirkung des Bewusstseins unabhängig stereotype Reaktion des Körpers«. Eine ganze Reihe von Reflexen dürfte allgemein bekannt sein, etwa der Saugreflex des Neugeborenen, der bei Berührung der Wange einsetzt, der Pupillen- und Lid-Reflex, der unsere Augen schützt, der Speichelreflex, der beim Anblick einer appetitlichen Mahlzeit auftritt.

Dass es auch einen Beckenbodenmuskelreflex geben könnte, war mir unbekannt, bis sich herausstellte, dass es einige Frauen

* Ergänzung der Übersetzerin

gar nicht nötig haben, vor einer Anstrengung, die den Beckenboden belasten könnte, »noch schnell zu kneifen«. Es gibt tatsächlich viele Frauen, die nicht selbst kneifen müssen – das macht ihre Beckenbodenmuskulatur ganz automatisch. Nach intensiver Selbstbeobachtung konnte ich feststellen, dass ich selbst zu diesen Glücklichen gehöre. Warum nicht alle Frauen über einen so praktischen Mechanismus verfügen, hat mir noch niemand beantworten können. Aber wenn dem so ist, dachte ich, wenn es einen natürlichen Beckenbodenreflex gibt, dann müsste es auch möglich sein, einen bedingten Reflex aufzubauen.

Vielleicht gehören Sie zu den Glücklichen, die ganz automatisch – also unbewusst – kneifen

Der Pawlowsche Reflex

Der russische Physiologe Ivan Pawlow (1849–1936) stellte mit Hunden im Laboratorium ein Experiment an. Er untersuchte zunächst den Fluss ihres Speichels beim Anblick der gefüllten Futterschüssel. Dann ging er dazu über, beim Hereintragen der Futterschüsseln gleichzeitig einen akustischen Reiz zu liefern (er schlug den Gong) und nach einer Weile zeigte sich, dass der Speichelfluss der Hunde bereits auf diesen Ton hin einsetzte, auch wenn kein Futter zu sehen oder zu riechen war. Der Beweis für einen »bedingten Reflex« war erbracht: Man spricht auch von Konditionierung.

Bei »bedingten Reflexen« handelt es sich also um Reflexe, die durch Gewöhnung bzw. Antrainieren und Konditionieren entstehen. Im Gegensatz dazu sind unbedingte Reflexe angeboren.

Ich begann also die Patientinnen meines Mannes, die nicht über einen naturbedingten, angeborenen Reflex verfügten, aufzufordern, nicht nur vor jeder körperlichen Anstrengung noch schnell »zu kneifen«, sondern auch zu sich selbst zu sagen: »Du musst immer kneifen, bevor du hustest, niest oder hebst.« Wenn sie dies über eine längere Zeit willentlich täten – so versicherte ich ihnen – käme ein bedingter Reflex zu Stande.

Denken Sie daran: Vor jeder körperlichen Anstrengung ist „Kneifen“ angesagt!

Zuletzt noch ein anschauliches Beispiel aus meiner eigenen Erfahrung. Ich empfehle ungern Verhaltensweisen, von deren Wirkung ich mich nicht selbst überzeugen konnte. Daher griff ich eine spezielle den Beckenboden beanspruchende Situation aus dem Alltagsleben heraus und betrachtete dies als Experiment.

Bei Großeinkäufen pflegen mein Mann und ich Getränkekisten stets gemeinsam in den Kofferraum des Autos zu heben, zu Hause wieder herauszuheben und ins Haus zu tragen. Ich begann nun, vor dem Anfassen des Kastens zu mir selbst zu sagen: »Vor dem Heben der Kiste musst du immer kneifen … Du musst die Kneifwirkung auch während des Tragens aufrecht erhalten.« und danach: »Das hast du gut gemacht, altes Mädchen.«

Wer lange genug trainiert, kann einen bedingten Reflex aufbauen

Eines Tages hatten wir große Eile, und mein Mann hob kurzerhand einen Getränkekasten allein in den Kofferraum. Ich stand lachend daneben und rief: »Stell dir vor, jetzt hat mein Beckenboden automatisch gekniffen, obwohl ich dir gar nicht beim Heben geholfen habe!« Ein schöner Beweis für einen bedingten Reflex, also eine wirklich empfehlenswerte Prozedur.

Ihr tägliches Trainingsprogramm

Da sich die meisten Frauen gern an ein vorgegebenes Trainingsprogramm halten wollen, möchte ich Ihnen einen Vorschlag machen: Üben Sie viermal am Tag und zwar pro Übung zwei Minuten. Wählen Sie einen günstigen Zeitpunkt, zu dem Sie ungestört sind, und machen Sie sich das Programm zur täglichen Gewohnheit. Es ist gleichgültig, in welcher Stellung Sie die Kneifübungen durchführen.

Am Morgen

Beginnen wir mit einer Übung, die Sie machen können, bevor Sie aufstehen. Bleiben Sie im Bett liegen, beugen Sie die Knie und stützen Sie zur Kontrolle den Beckenboden mit einer Handfläche.

Konzentrieren Sie sich auf die »zusammenraffende« Empfindung im Beckenboden, wo zur gleichen Zeit zusammengekniffen, hochgesaugt und zugeschnürt wird. Atmen Sie ruhig und gleichmäßig ein und aus.

Setzen Sie sich zum Ziel, etwa fünf Sekunden lang eine maximale Spannung zu halten, entspannen Sie sich danach zehn Sekunden lang. Führen Sie diese Übung insgesamt fünfmal durch. Fünfmal 15 Sekunden ergeben etwas mehr als eine Minute – sicher nicht zu viel so kurz nach dem Aufwachen.

Während der Arbeitszeit

Setzen Sie sich auf einen harten Stuhl und neigen Sie sich etwas nach vorn, so dass sich das Gewicht des Oberkörpers genau über der Scheidenöffnung befindet. Und nun gehen Sie genau so vor wie in der ersten Übung: Fünf maximale Anspannungen zu je fünf Sekunden mit zehn Sekunden Pause zwischen jeder Kraftanstrengung.

Auf dem Heimweg

Es bieten sich verschiedene Möglichkeiten an, wie Sie üben können: auf dem Fahrrad, in öffentlichen Verkehrsmitteln oder während eines Staus im Auto. Denken Sie daran: Niemand sieht es, wenn Sie üben. Konzentrieren Sie sich auf die Wirkung der Muskeln und stellen Sie sich vor, dass Sie irgendetwas aus allen Kräften in sich emporsaugen.

Nutzen Sie den Heimweg für einige Kneif-Übungen: Je mehr Sie üben, desto kräftiger wird Ihre Muskulatur

Die Vorgehensweise ist wieder die gleiche wie bei den ersten beiden Übungen: Fünf maximale Kraftanstrengungen mit je zehn Sekunden Pause dazwischen.

Am Abend

Nehmen wir an, Sie stehen im Bad und wollen sich für die Nacht zurecht machen. Legen Sie einen Mittelfinger in die Scheide (keine zu langen Fingernägel, um die Schleimhäute nicht zu verletzen). Nun führen Sie fünf Kneifübungen von maximaler Stärke zu je etwa fünf Sekunden lang durch. Darauf folgt jeweils eine doppelt so lange Pause. Provozieren Sie den Scheidenmuskel, indem Sie fest dagegen drücken. Spreizen Sie eventuell Zeige- und Mittelfinger und versuchen Sie, die Finger mit dem Scheidenmuskel zusammenzupressen.

Ergänzungsübung

Es ist ratsam, darüber hinaus einmal im Monat die »Methode der Harnstrahlunterbrechung« anzuwenden (siehe Seite 28 f.).

Damit Ihr Scheidenmuskel stark und kräftig bleibt, müssen Sie ihn regelmäßig trainieren

Damit können Sie kontrollieren, wie gut Sie inzwischen schon Ihre Muskulatur beherrschen. Der Sinn des Trainings besteht darin, den Pubococcygeus-Muskel (Scheidenmuskel) stark, elastisch und für seine Funktion beim Geschlechtsakt geeignet zu machen. Zudem behandeln oder verhindern Sie mit diesem Training auch eine leichte Gebärmuttersenkung, die eine Inkontinenz zur Folge haben kann. Selbst wenn die Muskulatur im Lauf von ein paar Monaten wieder zur vollen Zufriedenheit hergestellt ist, sollten Sie zur Sicherheit weiterhin ein paar Kneifübungen pro Tag machen.

Falls Sie mit diesem Trainingsprogramm kein zufrieden stellendes Ergebnis erzielen, können Sie Ihre Anstrengungen verdoppeln, indem Sie größere Anforderungen an sich selbst stellen.

Die ganzheitliche Bewegung

Ihr Trainingsprogramm

Dehnung der Hüftgelenke im Überblick

- Dehnung der Vorderseite des Hüftgelenks (»Schwingübung«), Seite 45
- Drehung der Hüftgelenke nach außen (»Knieschaukeln«), Seite 45
- Dehnung der Hüftgelenke nach innen, Seite 47
- Gesäßmuskel- und Hüftgelenkübung in Bauchlage (»Beinheber«), Seite 47
- Gesäßmuskel- und Hüftgelenkübung in Rückenlage (»Hüftheber«), Seite 48

Beweglichkeit der Lendenwirbelsäule

- »Hund und Katz« im Vierfüßlerstand (Hunderücken, Katzenbuckel, Gesäß auf Fersen), Seite 52
- »Hund und Katz« im Vierfüßlerstand mit Schwingungen zur Seite (»mit dem Schwanz wedeln«), Seite 52

Koordination der Bewegungen

- Gesäß folgt dem Uhrzeiger (im Vierfüßlerstand), Seite 54
- Becken folgt dem Uhrzeiger (in der Rückenlage), Seite 55
- Sanfte Beugungen der Lende (in der Rückenlage), Seite 56

Für eine lokale Wiederherstellung des Beckenbodens, etwa zur Heilung einer Inkontinenz oder eines drohenden Gebärmuttervorfalls, ist es nicht nötig, das Training mit allgemeinen Bewegungsübungen zu kombinieren. In diesem Fall handelt es sich ausschließlich um die Frage von Anspannung und Entspannung der Beckenbodenmuskeln. Geht es aber darum, bessere Voraussetzungen für den Geschlechtsakt zu schaffen und Störungen in der Bewegungsfunktion zu behandeln, muss die ganzheitliche Bewegung mit einbezogen werden.

Beckenbodentraining und allgemeine Bewegungsübungen gehören zusammen, wenn Sie mehr Freude am Geschlechtsakt haben möchten

Die Natur hat es weise eingerichtet, dass die Fortpflanzungsorgane im Bewegungszentrum des Körpers liegen, wo wir die

Die Bewegung der Körpermitte kann genauso leicht sein wie das Beugen und Strecken eines Fingers

größten Gelenke und die stärksten Muskeln haben. Diese großen Gelenke und kräftigen Muskeln entsprechen einander genauso wie die kleinen Gelenke und kleinen Muskeln eines Fingers, deshalb kann eine Bewegung der Körpermitte im Grunde genauso leicht wie das Beugen und Strecken eines Fingers sein.

Die Bewegungsmöglichkeiten der Körpermitte sind vielfältig, weil die Hüftgelenke Kugelgelenke sind. Dadurch sind Bewegungen auf allen Ebenen möglich. Zusammen mit den Möglichkeiten der Wirbelsäule ergibt sich ein weiterer Bewegungsreichtum, weil das gesamte Becken verlagert werden kann. Zu welch extremer Beweglichkeit die Körpermitte in der Lage ist, sieht man etwa beim Bauchtanz, dessen stark sexueller Charakter in uralten Fruchtbarkeitskulten wurzelt.

Die physische Voraussetzung für die ganzheitliche Bewegung ist ein intakter Bewegungsapparat – die psychische Voraussetzung ist das Fehlen von Blockierungen.

Nach meiner Erfahrung gibt es für Entspannungs- und Bewegungspädagogen genug zu tun, um die physischen Voraussetzungen zu schaffen. Ein Unterricht, welcher der Entspannung, Dehnung, Koordination und Rehabilitation dient, ist ein geeignetes Mittel, um ein gutes körperliches Instrument wiederherzustellen. An dieser Stelle werde ich mich mit der Dehnung und Koordination des Gebietes um die Körpermitte begnügen und mich deshalb im Folgenden mit Hüftgelenk und Lendenwirbelsäule beschäftigen.

Wie bereits erwähnt, ist das Hüftgelenk ein Kugelgelenk und daher sollte die Bewegungsmöglichkeit groß sein. Wenn die Hüftgelenke jedoch von angespannter oder verkürzter Muskulatur umgeben sind, müssen zunächst Entspannungs- bzw. Dehnungsübungen (Räkeln, Ausstrecken) gemacht werden.

Katzen machen es uns vor: Dehnen und strecken Sie sich, wann immer Ihnen danach zumute ist

Dehnungen sind im Grunde naturgegeben; das Strecken am Morgen ist ein Teil des angeborenen spontanen Bewegungsinventars des Menschen. Wann wir diese Unmittelbarkeit verlieren, weiß ich nicht, aber es ist eine Tatsache, dass sie bei den meisten Menschen verkümmert (vielleicht ist sie unter dem Regime des Weckers endgültig »umgekommen«).

Wer sich seine innere Ruhe und eine gesunde Ursprünglichkeit bewahrt hat, streckt sich morgens und abends behaglich und folgt dabei unbewusst dem Gebot der Orthopäden und Gymnastiktheoretiker, das da lautet: »Es ist eine goldene Regel, dass alle Gelenke täglich bis an ihre äußerste Grenze bewegt werden sollen.« Aber dennoch kann es gerade bei den Hüftgelenken darum schlecht bestellt sein – deshalb schlage ich einige Übungen für eine tägliche Überholung dieser Gelenke vor.

Bewegen Sie einmal täglich alle Gelenke bis an ihre äußerste Grenze

Dehnung der Hüftgelenke

Die Hüftgelenke bilden das Zentrum des Bewegungsapparates. Wir wollen nun systematisch die Muskulatur um das Hüftgelenk herum dehnen und damit die Beweglichkeit nach allen Richtungen hin verbessern. Da dieses Gelenk gewöhnlich nach vorn gebeugt ist, werden wir zunächst die entgegengesetzte Richtung wählen und das Gelenk ausstrecken.

- **Dehnung der Vorderseite des Hüftgelenks (»Schwingübung«).** Stellen Sie den linken Fuß auf einen Stuhl. Der Abstand soll so sein, dass das rechte Bein schräg nach hinten gestreckt ist, wenn das linke Knie gebeugt wird. Das Gewicht wird auf beide Beine gleichmäßig verlagert. Beugen Sie das linke Knie so weit wie möglich, während das rechte unbedingt ganz gestreckt sein soll (Abb. 9). Schwingen Sie in dieser Stellung sanft hin und her und spüren Sie, wie Sie an der Vorderseite des rechten Hüftgelenkes eine gute Dehnung erzielen, denn dort ruht das ganze Gewicht des Oberkörpers. Die Dehnung kann noch wirksamer werden, wenn Sie sich ein wenig zurücklehnen.

Die systematische Dehnung der Hüftgelenksmuskulatur macht Sie beweglicher

- **Drehung der Hüftgelenke nach außen (»Knieschaukeln«).** Nun nehmen wir uns die Muskeln an der Innenseite der Schenkel vor. Setzen Sie sich auf den Fußboden, beugen Sie die Knie und ziehen Sie die Füße so eng wie möglich an den Körper (Abb. 10). Legen Sie die Fußsohlen aneinander und lassen Sie die Knie seitlich nach außen fallen. Strecken Sie die Arme aus und umfassen Sie die Knöchel, damit Sie bequem sitzen. Wenn die Knie so weit wie möglich nach außen gedreht sind, versuchen Sie, diese vorsichtig noch weiter zum Fußboden hin zu schaukeln. Dabei werden Sie spüren, wie die Hüftgelenke nach außen ge-

Abb. 9

Abb. 10

dreht werden. Falls Ihre Muskeln sehr straff sind, können Sie die Ellbogen gegen die Innenseiten der Knie stemmen und einen leichten Druck ausüben. Sie werden selbst merken, wie weit Sie gehen können, ohne die Hüftgelenke einzubeziehen.

- **Dehnung der Hüftgelenke nach innen**. Auf die Drehung nach außen folgt die Dehnung nach innen. Bleiben Sie sitzen, aber lehnen Sie sich etwas zurück, und stützen Sie sich auf die Hände. Die gebeugten Knie sollen etwas voneinander entfernt sein (Abb. 11a). Bewegen Sie langsam das rechte Knie nach innen und zum Fußboden hin und spüren Sie dabei die Dehnung um das Hüftgelenk. Lassen Sie das linke Knie, wo es ist – es zeigt gerade nach oben (Abb. 11b). Bleiben Sie so lange in dieser Stellung sitzen, bis Sie sich an die Anspannung gewöhnt haben, und wechseln Sie dann die Seite.

Konzentrieren Sie sich ganz bewusst auf die Dehnung rund um das Hüftgelenk

Ich möchte Ihnen noch eine Übung vorstellen: Sie dehnt die Muskeln an der Vorderseite der Hüftgelenke, während sie gleichzeitig den Gesäßmuskeln, die das Hüftgelenk strecken, Stärke verleiht.

- **Gesäßmuskel- und Hüftgelenkübung in Bauchlage (»Beinheber«)**. Legen Sie sich auf den Bauch – Ihre Arme liegen neben

Abb. 11a

Abb. 11b

TEIL 2

Die „Eckpunkte" des Beckens berühren die ganze Zeit den Boden

dem Körper. Sie müssen unbedingt dafür sorgen, dass die beiden vorderen »Eckpunkte« des Beckens die ganze Zeit den Fußboden berühren. Heben Sie den rechten Fuß in die Höhe, indem Sie das Knie beugen. Überzeugen Sie sich, dass die rechte »Ecke« des Beckens den Fußboden berührt, wenn Sie mit der Anstrengung beginnen. Heben Sie auch langsam und vorsichtig mit allmählicher Steigerung den Oberschenkel (Abb. 12).

- Nun kommt das linke Bein an die Reihe – wenn Sie auch mit diesem Ihr Ziel erreicht haben, nämlich sowohl Stärke im Gesäß als auch Dehnung vor den Hüften zu erzielen, dann heben Sie beide Beine gleichzeitig hoch (Abb. 13).

Dieselbe Absicht – die Hüftgelenksstrecker (die Gesäßmuskeln) zu stärken und die Hüftgelenksbeuger zu verlängern – hat auch die nächste Übung.

- **Gesäßmuskel- und Hüftgelenkübung in Rückenlage (»Hüftheber«).** Legen Sie sich auf den Rücken, beugen Sie die

Abb. 12

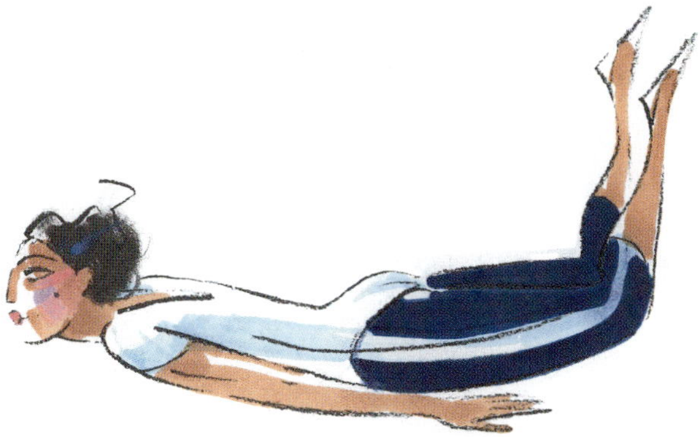

Abb. 13

Knie und stellen Sie die Füße etwas auseinander. Die Fußsohlen stehen dabei fest auf dem Boden (Abb. 14). Nun müssen Sie sich entweder vorstellen: »In die Höhe mit der ganzen Mittelpartie!« oder: »Fest nieder auf den Fußboden mit den Füßen und die Hüften strecken!« Vielleicht ist es am leichtesten für Sie, wenn Sie zuerst die Füße ein klein wenig heben, sich zur Handlung ent-

„Hoch mit der Mitte" oder „Füße und Hüfte fest auf den Boden"

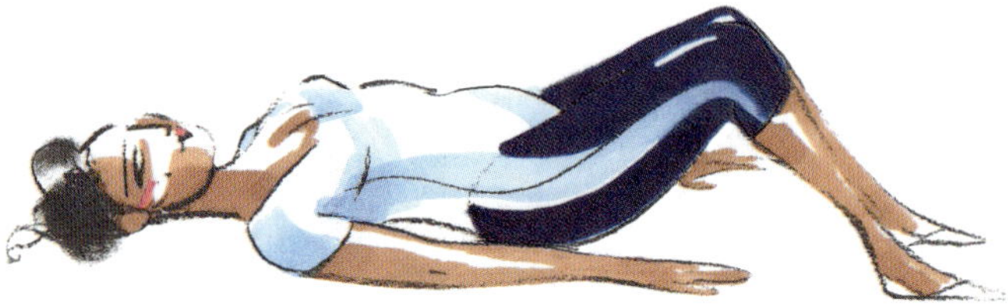

Abb. 14

schließen und die Füße dann fest auf den Boden pressen, während Sie die Hüftpartie heben (Abb. 15).

Heben Sie das Gesäß an, so hoch wie es nur geht

- Verweilen Sie noch ein bisschen in dieser Stellung und versuchen Sie, speziell die Hüftgelenke noch mehr zu heben. Sie brauchen nur zu denken: »Noch weiter weg vom Fußboden mit dem Gesäß!« und zu beachten, wie die Gesäßmuskeln zu arbeiten beginnen. Mit ein wenig Übung wird Ihnen das nicht schwer fallen (Abb. 16).

Abb. 15

Abb. 16

Beweglichkeit der Lendenwirbelsäule

Jetzt beschäftigen wir uns mit dem unteren Teil der Wirbelsäule. Manchmal kommen Patientinnen zum Frauenarzt und klagen über schlecht lokalisierbare Schmerzen beim Geschlechtsakt. In einigen Fällen entdeckt dann der Frauenarzt, dass die Schmerzen von der Wirbelsäule herrühren, mit der Folge, dass die Patientin einen Orthopäden aufsuchen muss.

Der Beckenknochen ist die feste Verbindung zwischen den Beinen und dem Oberkörper – er befindet sich gewissermaßen zwischen zwei Kugeln und einer Schlange! Der Gelenkkopf des Schenkelknochens hat seine Gelenkpfanne an der Seite des Beckens und die Wirbelsäule hebt sich balancierend von der Rückseite des Beckenknochens empor (Abb. 17).

Wenn Sie während des Geschlechtsverkehrs Schmerzen im Rücken verspüren, sollten Sie sich an einen Orthopäden wenden

An den Bewegungen des Beckens sind deshalb sowohl das Hüftgelenk als auch die Lendenwirbelsäule beteiligt. Beide Teile müssen natürlich gut funktionieren, wenn eine freie Beweglichkeit des Beckens erreicht werden soll. Die Lust am Geschlechts-

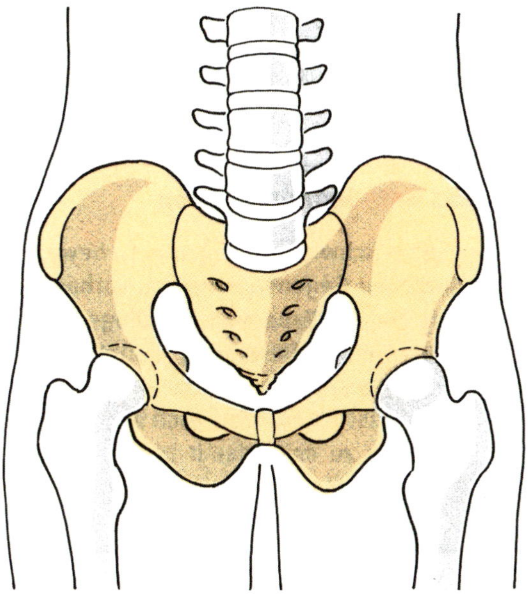

Abb. 17

akt wird getrübt, wenn jede Bewegung schmerzhaft ist, und das gilt sowohl für Schmerzen, die vom Lendenwirbel als auch für solche, die vom Hüftgelenk ausgehen. Der Geschlechtsakt kann sogar unmöglich werden.

Prüfen Sie mit „Hunderücken" und „Katzenbuckel" die Beweglichkeit Ihrer Lendenwirbelsäule

- **»Hund und Katz« im Vierfüßlerstand (Hunderücken, Katzenbuckel, Gesäß auf Fersen).** Nun prüfen wir die Beweglichkeit des Lendenwirbels. Wir beginnen mit der klassischen Übung, die »Hund und Katze« genannt wird. Sie hocken im Vierfüßlerstand (vielleicht mit einem Kissen unter den Knien). Diese Stellung ist für Ihren Rücken die günstigste. Sie beginnen mit einer Krümmung des Rückens nach unten (»Hund«, s. Abb. 18a) und machen danach einen »Katzenbuckel« (Abb. 18b). Nehmen Sie den Kopf zwischen die Arme, schauen Sie nach unten und wölben Sie den Rücken hoch hinauf in Richtung Zimmerdecke. In dieser Stellung verlagern Sie nun das Gewicht stufenweise nach hinten, so dass sich das Gesäß den Fersen nähert. Dabei krümmt sich die Wirbelsäule hauptsächlich im Lendenbereich (Abb. 18c).

- **»Hund und Katz« im Vierfüßlerstand mit Schwingungen zur Seite (»mit dem Schwanz wedeln«).** Nun wollen wir auch die seitliche Bewegung hinzunehmen. Sie wiederholen »Hund und Katze«, und in jeder der verschiedenen Stellungen probieren Sie, wie weit Sie das Gesäß nach rechts oder nach links schwingen können. Versuchen Sie sich vorzustellen, dass Sie »mit dem Schwanz wedeln«.

Man muss entspannen können

Wir haben keine Schwierigkeiten, uns zu bewegen, solange keine Gegenspannungen vorhanden sind, die ein Hindernis bilden. Wenn man allerdings intensiv an eine scheinbar schwierige Bewegung denkt und sich sehr bemüht, können leicht so genannte Affektspannungen entstehen. Deshalb ist es grundsätzlich wichtig, zur Entspannung in der Lage zu sein, damit man diese überflüssige Spannung während einer Bewegung gegebenenfalls aufheben kann.

Abb. 18a

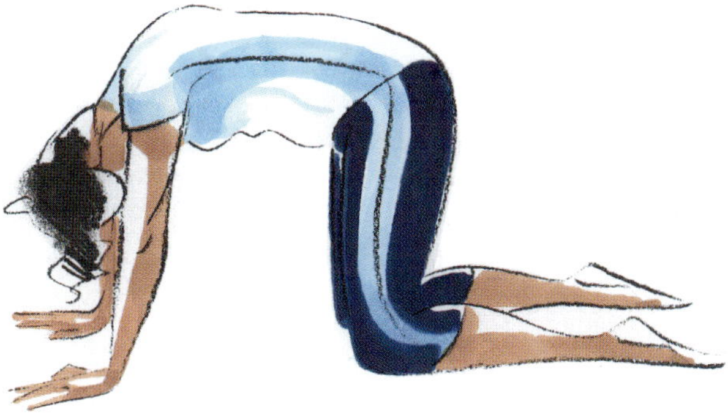

Abb. 18b

Abb. 18c

Koordination der Bewegungen

Eine hervorragende Möglichkeit, sich eine hohe Bewegungsfähigkeit spielerisch anzueignen, sind folgende Übungen, mit denen wir fast beim Bauchtanz angelangt sind. Lassen Sie Ihrer Fantasie freien Lauf.

Bewegungsübungen fast wie beim Bauchtanz ...

- **Gesäß folgt dem Uhrzeiger (im Vierfüßlerstand).** Sie hocken wieder im Vierfüßlerstand. Und nun stellen Sie sich vor, direkt hinter Ihnen sei ein Zifferblatt von der Größe eines Tellers angebracht. Wenn Sie den Rücken abwechselnd durchbiegen und krümmen, »zeichnen« Sie einen Strich von 12 Uhr nach 6 Uhr.

- Wenn Sie das Gesäß von der einen Seite zur anderen schwingen, zeichnen Sie eine Linie von 9 Uhr nach 3 Uhr (Abb. 19).

- Ihre nächste Aufgabe besteht darin, dem Zeiger zu folgen und auf diese Weise einen Kreis zu beschreiben – zuerst im Uhrzeigersinn und dann entgegengesetzt.

Abb. 19

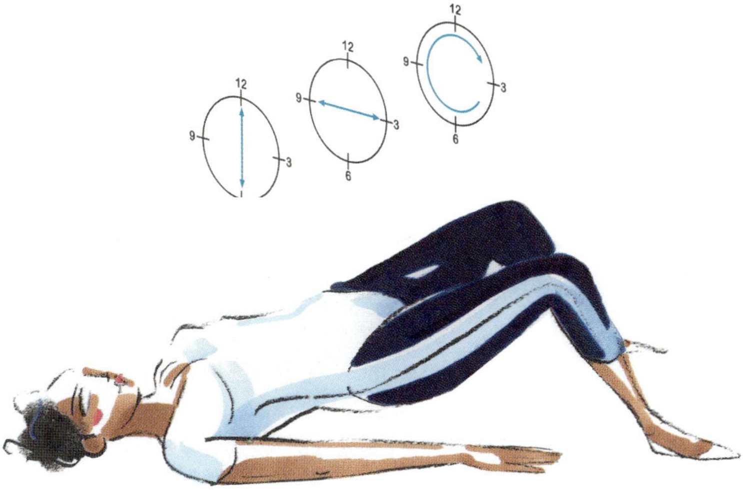

Abb. 20

Becken folgt dem Uhrzeiger (in der Rückenlage). Das Bild von der Uhr können wir noch einmal verwenden, da es die Steuerung der Beweglichkeit sehr erleichtert. Legen Sie sich nun auf den Rücken, beugen Sie die Knie und setzen Sie die Fußsohlen auf dem Boden auf. Halten Sie zwischen den Füßen und zwischen den Knien einen leichten Abstand. Heben Sie nun die Hüftpartie vom Boden hoch (Abb. 20) – das Becken soll bewegt werden. Hüftgelenk und Lendenwirbelsäule machen automatisch mit, wenn Sie sich nur auf einen festen Punkt konzentrieren. Wir wählen dafür die Mitte des Beckenknochens – nämlich das Schambein.

Wenn Sie sich wieder das Zifferblatt vorstellen, können Sie mit dem Schambein einige Male auf und ab »zeichnen« – von 6 Uhr nach 12 Uhr. Danach von 9 Uhr (wobei das linke Bein die größere Belastung trägt) hinüber zu 3 Uhr (wobei das rechte Bein stärker belastet wird).

Bewegen Sie Ihr Becken, indem Sie das Ziffernblatt einer Uhr nachzeichnen

Danach kommt die »Rundreise« – zuerst wieder im Uhrzeigersinn, dann entgegengesetzt. Der Beckenknochen zeichnet einen schönen Kreis – eine ausgezeichnete Übung für die Gelenke. Obendrein stärkt diese Becken-»Rundreise« den Kreislauf und fördert die Verdauung.

Da wir gerade bei der Vorstellung vom Zifferblatt sind, möchte ich Ihnen eine weitere gute Übung empfehlen:

Bringen Sie Ihre Beckenposition von der vollen zur halben Stunde

- **Sanfte Beugungen der Lende (in der Rückenlage).** Sie liegen auf dem Rücken, mit gebeugten, etwas voneinander entfernten Knien und aufgestellten Füßen. Nun stellen Sie sich vor, dass sich Ihre Hüftpartie direkt auf dem Zifferblatt befindet (Abb. 21) und zwar die Lende auf 12 Uhr und das Steißbein auf 6 Uhr. Der Beckenknochen ist auf seiner Rückseite leicht gekrümmt, so dass man sich gut damit wiegen kann. Und nun liegen und wiegen Sie sich von der vollen zur halben Stunde und erfühlen, wie sich die Lende dabei abwechselnd ganz sanft beugt und durchbiegt. Es sind die Beine, die die Bewegung hervorbringen, darum sollten Sie im Oberkörper ganz locker sein, damit kein Widerstand gegen das Wiegen aufkommt. Auch der Nacken schaukelt mit, so dass das Kinn wippt.

Abb. 21

- Stellen Sie jetzt die Füße etwas weiter auseinander und schaukeln Sie mühelos von der einen Seite zur anderen – von 9 Uhr nach 3 Uhr. Dabei dreht sich die Wirbelsäule, wenn Sie den Oberkörper ganz locker halten. Bleiben Sie bei der Vorstellung vom Zifferblatt und bewegen Sie sich rundherum über alle Ziffern. Das Becken hat ja eine gewölbte Form, so dass es für diese kreisende Bewegung gut geeignet ist.

Übrigens: Sie brauchen eine Bewegung nur zu wünschen, dann richtet das Nervensystem schon selbst die Steuerung aus, so dass Sie einer Bewegungshemmung entgehen (siehe Seite 72).

Ist die ganzheitliche Bewegung eine Sextechnik?

Die vorgestellten Übungen sind nicht als Einübung in Techniken des Geschlechtsverkehrs gemeint. Die eigentlichen sexuellen Bewegungen laufen automatisch ab – also ohne dass die Frau bewusst mitwirkt. Sie sind in unserem Hirn gespeichert und werden instinktiv »aufgerufen«.

Diese Übungen sind ausschließlich als physisches Training der Körpermitte gemeint und zielen auf bessere Beweglichkeit und Koordination ab. Ich gehe davon aus, dass ihre Funktion dann in einer gegebenen Situation besser wirksam wird. Denn auf einem Weg, den man zuvor bewusst gebahnt hat, bewegt man sich auch unbewusst leichter.

Mit der ganzheitlichen Bewegung trainieren Sie eine bessere Kondition Ihrer Körpermitte

Dieses Vorgehen entspricht den unbewussten »Vorbereitungen« auf die späteren Gehbewegungen, die ein Säugling dadurch trifft, dass er seine Hüftgelenke in alle Richtungen bewegt. Der Unterschied liegt allein darin, dass diese unbewussten Bewegungen bei einem Kind mit ungeschädigtem Bewegungsapparat als Glied in der Kette der Entwicklung programmiert sind; beim Erwachsenen hingegen – wenn der Bewegungsapparat aufgrund von Funktionsfehlern defekt ist – bedeutet das Erlernen der Bewegungen ein willentliches Von-vorn-Anfangen, um die ursprünglichen Möglichkeiten wiederherzustellen.

Hinweis

An dieser Stelle möchte ich noch einmal hervorheben, dass sich dieses Buch an gesunde Frauen richtet, denen es vielleicht noch besser gehen könnte. Bei bestehenden psychischen Störungen wie Sexualneurosen und schweren Blockierungen muss ein Spezialist aufgesucht werden.

Entspannung finden

Ihr Trainingsprogramm

Entspannungsübungen im Überblick

- Hüfthebung in Rückenlage, Seite 61
- Rütteln und Hüpfen, Seite 62
- Fahrrad fahren in Rückenlage, Seite 62
- Spannungslockerung in Rückenlage (»Schlummerrollen-Übung«), Seite 63
- Spannungslockerung in Bauchlage (»Schlummerrollen-Übung«), Seite 63

Genauso wie es Frauen gibt, deren Beckenbodenmuskeln zu schlaff und zu schwach sind, gibt es Frauen, die das entgegengesetzte Problem haben: Ihre Muskulatur ist zu sehr angespannt, d.h. es herrscht ein dauernder Spannungszustand vor. Es besteht also nicht nur Informationsbedarf über den Aufbau der Muskulatur, sondern auch ein Bedarf an Hinweisen, wie die Anspannung vermindert werden kann.

Dauernde Anspannung der Muskulatur ist genauso schädlich wie zu geringe Aktivität

Wichtig ist, ein Gefühl für Ihren Körper und eine natürliche Balance zwischen Anspannung und Entspannung zu entwickeln. Wünschenswert ist eine gesunde Muskulatur, die einerseits die erforderliche Kraft aufbringt und andererseits auch völlig entspannen kann; mit anderen Worten, eine Muskulatur, über die wir bewusst verfügen können.

Muskelverspannungen im Beckenboden

Dafür kann es verschiedene Ursachen geben, und zwar sowohl physischer als auch psychischer Art.

Psychische Ursachen

Der Vaginismus ist ein Beispiel für eine Spannung, deren Ursache psychisch bedingt ist. Es handelt sich dabei um einen krampfartigen Zustand der Muskeln, die die Scheide umgeben.

Ursache dafür ist meist Angst. Der Vaginismus verhindert ein normales Sexualleben. Seine Behandlung muss aus einer Kombination psychischer und physischer Maßnahmen bestehen: eventuell therapeutisch gestützter Abbau von Angst, Entspannungsübungen und ein Muskeltraining.

Physiologische Ursachen

Auch starke Schmerzen im Unterleib können eine Anspannung des Beckenbodens bewirken

Es gibt aber auch physiologische Ursachen für die Verspannung des Scheidenmuskels. So kann z. B. eine Infektion eine Irritation hervorrufen, auf die mit Anspannung reagiert wird. Es ist ebenso möglich, dass die starken Schmerzen bei einer Unterleibsentzündung unbewusst durch eine Anspannung des Beckenbodens abgewehrt werden. Es liegt nahe, dass nicht nur die Infektion behandelt wird, sondern auch gleichzeitig Möglichkeiten zur Entspannung eingeübt werden müssen.

Haltungsursachen

Eine ungünstige Haltung beim Sitzen kann an einem anhaltenden Spannungszustand in den Muskeln des Beckenbodens mitschuldig sein. Wenn Sie mit fest zusammengepressten Beinen sitzen, dann verringern Sie die Durchblutung. Oder wenn Sie ständig mit übergeschlagenen Beinen sitzen und dadurch sowohl den Kreislauf behindern als auch eine Schiefstellung des Beckens bewirken, dann kann auch das einen Spannungszustand hervorrufen. Wenn Sie obendrein noch nervös sind – also allgemein angespannt –, werden die physischen Ursachen noch von solchen psychischer Art verstärkt.

Körpergefühl entdecken – entspannen lernen

Wir können Impulse zur willentlichen Anspannung von Muskeln und auch zu deren Entspannung aussenden

Wir können ganz bewusst anspannen und entspannen, und was man bewusst tun kann, kann man auch verfeinern. Wir haben die Fähigkeit, Muskelimpulse von angemessener Stärke genau an die Stelle auszusenden, an der dafür gerade ein Bedarf besteht; diese Fähigkeit können wir trainieren. Wir haben auch die Möglichkeit, solche Impulse auszusenden, die eine Spannung aufheben – so genannte hemmende Impulse. Auch das kann geübt werden.

Eines der Ziele beim Entspannungsunterricht besteht darin, das Körpergefühl bewusst zu machen. Dies kann dazu führen, dass man sich selbst auf eine neue Art kennen lernt: mit seinen Hemmungen und mit seinen Fähigkeiten.

Es geht darum, ein Gefühl für den Spannungsgrad der Muskeln zu entwickeln und dabei gefühlsmäßige Erfahrungen zu sammeln. Bei abwechselndem Anspannen und Entspannen eines Muskels erlebt man die Kontrastwirkung. Allmählich lassen sich auch verschiedene Spannungsgrade deutlich unterscheiden – ob man stark, wenig oder gar nicht anspannt.

Bei den Muskeln des Armes ist das Erkennen des Spannungsgrades wesentlich leichter als bei den Muskeln des Beckenbodens. Bezüglich des Armes haben wir eine ganz andere Erfahrungsgrundlage – den Arm können wir nämlich sehen. Versuchen Sie es einmal mit folgender Vorübung selbst.

Den Spannungsgrad der Beckenbodenmuskeln können Sie nur durch Training feststellen

Vorübung – Entspannung des Armes

Ballen Sie Ihre rechte Faust, beugen Sie den Ellbogen und spannen Sie den ganzen rechten Arm für fünf Sekunden an; nehmen Sie noch etwas mehr, noch ein bisschen mehr und lassen Sie ihn dann ganz schlaff herabfallen. Spüren Sie einen Moment nach und wiederholen Sie die Übung ggf. mit dem linken Arm.

Das war ja recht einfach! Aber nun geht es darum, dieses Vorgehen auf die Verhältnisse des Beckenbodens zu übertragen, denn mit diesen Muskeln müssen wir erst lernen, Erfahrungen zu machen.

- **Hüfthebung in Rückenlage.** Ich schlage vor, dass Sie sich auf den Rücken legen. Sehen Sie sich Abbildung 22 an. Stemmen Sie Füße, Arme und Nacken auf den Boden und heben Sie Ihre ganze Mittelpartie in die Höhe. Auf diese Weise kommt das Herz tiefer als die Bauchhöhle zu liegen, wodurch der Kreislauf unterstützt wird. Sie entlasten außerdem den Beckenboden, weil die inneren Organe zurückrutschen – alles in allem eine günstige Stellung für Venenpumpübungen.

Machen Sie alle Ihnen bekannten Übungen, während die Beine über Herzhöhe sind

- **Rütteln und Hüpfen.** Nun rütteln Sie den Körper von der einen zur anderen Seite, dann hüpfen Sie mit der ganzen Mittelpartie auf und ab. Tun Sie dies so lange wie möglich.

- **Fahrrad fahren in Rückenlage.** Danach legen Sie sich wieder auf den Rücken; Sie schieben die geballten Fäuste unter sich (Abb. 23), radeln, schütteln die Beine, kreisen mit den Fußknöcheln und lassen sich alle möglichen Bewegungen einfallen, während die Beine über Herzhöhe sind.

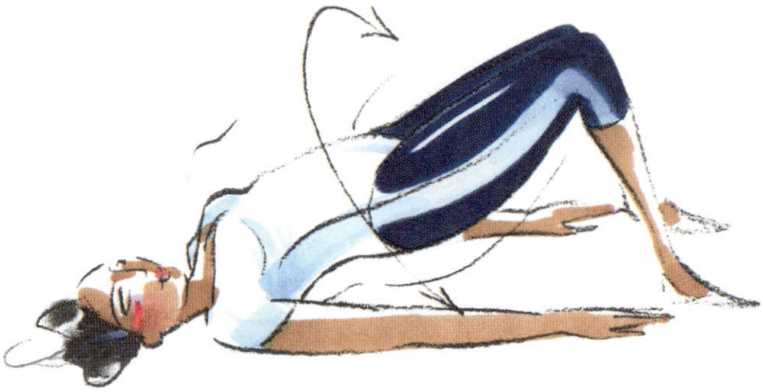

Abb. 22

Abb. 23

Jetzt sind Sie darauf vorbereitet, sich mit den Muskeln des Beckenbodens zu beschäftigen, denn wenn sich der innere Druck gegen den Beckenboden verringert, ist es erfahrungsgemäß leichter, Impulse in dieses Gebiet zu senden (über den Druck im Becken und die Venenpumpe können Sie sich in meinem Buch »Erfolgreiche Hilfen gegen Harninkontinenz« ausführlicher informieren).

- **Spannungslockerung in Rückenlage (»Schlummerrollen-Übung«).** Sie sollten so bequem wie möglich liegen. Vielleicht brauchen Sie eine kleine Schlummerrolle im Nacken – jedenfalls sollten Sie ein dickes Kissen unter den Knien haben, damit die Lende entlastet wird. Lassen Sie die Knie locker nach außen fallen (Abb. 24).

Machen Sie es sich mit einer Schlummerrolle unter dem Kopf bequem und geben Sie sich ganz der Schwere hin

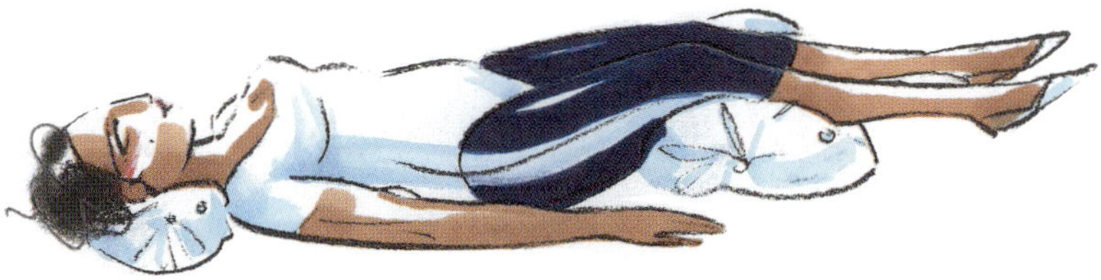

Abb. 24

- Versuchen Sie sich ganz der Schwere hinzugeben – und atmen Sie tief aus. Nichts darf Sie beengen, weder äußerlich noch innerlich. Achten Sie darauf, ob Sie Ihren Beckenboden spüren können, ob Sie ihn locker lassen können. Sie sollen sich offen und leer fühlen, so, als ließen Sie sich selbst ganz los. Angespannten Menschen fällt es weit schwerer loszulassen als festzuhalten. Es sind unbekannte oder besser gesagt vergessene Gefühle, die bewusst gemacht werden sollen. Um den Kontrast zur Entspannung zu erkennen, spannen Sie zunächst Ihre Muskeln bewusst an und entspannen dann – wie in der Vorübung auf Seite 61 gezeigt – zunächst den rechten, dann den linken Arm, so dass Sie nach und nach mit dem Unterschied zwischen Anspannung und Entspannung ganz vertraut werden.

- **Spannungslockerung in Bauchlage (»Schlummerrollen-Übung«).** Wenn es Ihnen in der Rückenlage schwer fällt, alle

Abb. 25

Spannungen zu lockern, sollten Sie sich auf den Bauch legen und sehen, ob es in dieser Lage eventuell leichter geht. Auch dabei müssen Sie sich mit Kissen und Schlummerrolle einrichten, damit Sie gut liegen (Abb. 25). Mit »gut« meine ich eine Lage, in der Sie sich selbst ganz loslassen können.

Seufzen und stöhnen Sie nach Herzenslust!

- Spannen Sie zunächst an und atmen Sie tief aus, wenn Sie entspannen. Es hilft, wenn Sie das Atemgeräusch hören können, denn dadurch erleben Sie die Entspannung deutlicher. Es ist vorteilhaft, wenn Sie ohne Hemmungen auch leise stöhnen können. Seufzen löst Schultern und Brustpartie, ein Stöhnen hingegen löst das Zwerchfell und gleichzeitig die Muskeln der Lenden und des Bauches.

Mein Tipp

Es ist sicher sehr hilfreich, selbst Übungen zu Anspannung und Entspannung durchzuführen und dabei Erfahrungen zu sammeln, aber in einigen Fällen ist es besser, wenn Sie Unterricht nehmen. Das ist immer dann ratsam, wenn Sie das Gefühl haben, es nicht richtig zu machen, oder wenn das Entspannungsgefühl ausbleibt. Und: Kurse sind etwas für Eilige, denn hier lernt es sich schneller. Einführungskurse in die verschiedenen Entspannungstechniken bieten unter anderem Volkshochschulen an.

Einflüsse auf die Orgasmusfähigkeit

Wenn der Bewegungsapparat normal funktioniert und der Beckenboden wiederhergestellt ist, sollte zumindest die körperliche Grundlage für ein zufrieden stellendes Geschlechtsleben geschaffen sein.

Die Orgasmusfähigkeit lässt sich zwar trainieren, psychische Probleme verschwinden damit jedoch nicht

Besteht der Wunsch, beim Geschlechtsverkehr einen Orgasmus zu erleben, ist die Situation weitaus schwieriger, als wenn das Beckenbodentraining nur dazu dient, eine Inkontinenz zu vermeiden. Beim Geschlechtsleben geht es bekanntlich nicht nur um Wissen und Technik, sondern in weit höherem Maße um Gefühlsleben und Reize. Wenn schon das Inkontinenzproblem verschwiegen wird, dann gilt das sicher nicht minder für die sexuellen Probleme – die Betonung liegt dabei auf dem Wort Probleme.

In den vergangenen Jahrzehnten ist eine Menge Aufklärungsliteratur erschienen. Der große Vorteil liegt darin, dass Tabugebiete allmählich entmystifiziert werden. Die ehrlichen Auskünfte über das, was Frauen erleben, wird man in den Berichten über Sexualität allerdings suchen müssen; da gibt es z. B. den legendären »Hite-Report« über das sexuelle Erleben der Frauen, für den 3000 Frauen im Alter von 14 bis 78 Jahren einen sehr umfangreichen Fragebogen beantwortet haben und anonym ehrliche Antworten gaben. Dieser Bericht stellt mitunter eine harte Lektüre dar, und die Zeugnisse von Desillusionierung, Unwissenheit und fehlender sexueller Freude können schon deprimieren. Zugleich wirken solche Berichte wie eine Anklage und ein stummer Hilfeschrei. Die Anklage richtet sich an all jene,

- die zu feige oder befangen sind, einem Kind offen und ehrlich zu antworten,
- die als Fachleute einseitige Theorien verfechten (eine halbe Wahrheit = eine halbe Unwahrheit),
- die schweigen oder lügen, um ihren eigenen Misserfolg zu verbergen,

- die aus dem Schreiben falscher Liebesgeschichten Kapital schlagen,
- die nicht selbst Aufklärung suchen.

Erziehung und gesellschaftliche Tabus

Der Beckenboden mit seinen verschiedenen Öffnungen ist ein Bereich, in dem sich interessante Vorgänge abspielen. Dieser Auffassung ist auch jedes kleine Kind und es wird selbstverständlich diese Dinge genauer erforschen wollen – und das sollte ihm natürlich erlaubt sein.

Erklären Sie Ihren Kindern den Aufbau und die Funktion der Geschlechtsorgane – so vermeiden Sie bei ihnen neurotische Fehlentwicklungen

Genau in dieser Situation kann derjenige Elternteil, der zufällig Zeuge eines solchen Experimentierens wird, den größten Fehler seines Lebens begehen, und zwar dann, wenn er das von Vorurteilen geleitete und zur Gewohnheit gewordene Verbot der vorigen Generation wiederholt. Der Keim vieler Neurosen wird dann gelegt, wenn die Geschlechtsorgane tabuisiert werden. Es bilden sich falsche Vorstellungen und es können psychische Abartigkeiten entstehen. Es gibt jedoch glücklicherweise auch Väter und Mütter, die ganz anders reagieren und diese günstige Gelegenheit wahrnehmen, um die Grundlage für eine gesunde geschlechtliche Entwicklung zu schaffen, indem sie an der Erforschung teilnehmen und dem Kind erklären, wozu die verschiedenen Öffnungen da sind. Das wird später einmal viele Missverständnisse vermeiden helfen.

Meine eigene sexuelle Erziehung

Wenn ich nun im reifen Alter auf die sexuelle Erziehung meiner Kindheit zurückblicke – oder besser gesagt auf das Fehlen einer solchen –, so wundert es mich eigentlich, dass sich mein Leben so glücklich gestaltet hat. Ich kann mich nicht erinnern, als Kind einen unbekleideten erwachsenen Menschen gesehen zu haben. Kinder wurden sorgfältig ferngehalten, wenn der Hengst oder der Stier zum Decken auf den Hof kamen. Jungen und Mädchen hatten je ihre Badezeit am Strand, und das Umkleiden fand in einem geschlossenen Badehaus statt. Meine Mutter machte nie Anstalten, mit mir über das Geschlechtsleben zu reden, und ich habe sie auch nie darum gebeten, da ich nicht einmal ahnte, dass es so etwas gab. Woher Kinder kamen, wusste ich nicht, und es interessierte mich auch nicht. Es war eben von der Natur bestimmt, dass dort Kinder kamen, wo es ein Heim und Eltern gab – mehr wusste ich nicht darüber.

Wenn ich Sie an dieser Stelle mit Erzählungen über mein wortkarges Elternhaus konfrontiere, muss ich auch erwähnen, dass niemals ein liebloses Wort zwischen meinen Eltern gefallen ist. Meine Vorstellung von der Welt sah so aus, dass ich glaubte, alle Erwachsenen seien fromm und gerecht und bohrten nicht einmal in der Nase. Es versteht sich, dass ich einige Überraschungen erlebt habe. Als ich eine eigene Familie gründete und Kinder bekam, beschloss ich, dass deren Erziehung auf sexuellem Gebiet ganz anders als meine eigene sein sollte, damit sie eine realistischere Beziehung zu ihrer Umwelt gewinnen würden.

Ich dachte, dass sich das am einfachsten durch uneingeschränkte Aufrichtigkeit bewerkstelligen ließe. Welche Frage auch immer auftauchen sollte, ich wollte mich niemals mit dem Satz »Das verstehst du noch nicht!« retten, sondern ganz einfach die Antwort geben, die ich für richtig hielt, und es den Kindern selbst überlassen, wie weit sie diese verstünden. Je weniger Lebensregeln man gibt, desto einfacher ist es. Alles könnte leichter für die Eltern und besser für die Kinder sein, wenn die Eltern immer ehrlich wären und die Wahrheit sagen würden.

Auch wenn Sie aus einem prüden Elternhaus kommen, sollten Sie versuchen, Ihren eigenen Kindern den Weg durch eine offene Erziehung zu ebnen

Erziehung in anderen Kulturen

Andere Kulturen waren vor Jahrhunderten weitsichtiger und sorgfältiger als die unsere, wenn es darum ging, eine junge Frau auf die Ehe vorzubereiten. Allerdings geschah dies in vielen Fällen wohl auch, um die Sexualität des Mannes zu bereichern. So durfte z. B. in einem bestimmten afrikanischen Volksstamm ein junges Mädchen nicht heiraten, solange es mit dem Scheidenmuskel keinen kräftigen Druck ausüben konnte. Das war ein Teil der Erziehung.

Aus dem indischen »Ananga Ranga« (Liebesspiel), geschrieben im 16. Jahrhundert, zitiert Alex Comfort: »Sie muss sich die ganze Zeit bemühen, ihre Yoni (Scheide) zu schließen und zusammenzuschnüren, bis sie den Lingam (männliches Glied) wie mit einem Finger, der willentlich öffnen und schließen kann, umfasst, und bis sie schließlich wie die Hand des go-pala-Mädchens tätig ist, wenn es die Kuh melkt.« Das kann nur durch ausdauernde Übung erlernt werden und besonders dadurch, dass man seine Willenskraft an der richtigen Stelle einsetzt – »Ihr Mann wird sie mehr als alle anderen Frauen zu schätzen wissen und sie nicht gegen die schönste Frau aller drei Welten tauschen wollen. So reizend und wonnevoll für den Mann ist sie, die klemmen kann.«

Andere Kulturen wissen um die Kraft des Beckenbodens

In dem berühmten arabischen Lehrbuch der Liebeskunst »Der duftende Garten« wird mehrere Male die »Jabeda« der Frau erwähnt, was soviel wie »saugende Bewegung« heißt: »Die äußerste Wollust hängt von dem einen Umstand ab: Es ist entscheidend, dass die Scheide zu saugen imstande ist«. – »Besonders ihre Jabeda rief meine Bewunderung hervor.« Soweit zur Geliebten. Über den Liebhaber steht in »Kaerlighhedens ABZ« (Das ABC der Liebe): »Es verlautet, dass die tüchtigen und erfahrenen Liebhaber sich weit mehr auf die Klitoris als auf die Scheide der Frau konzentrieren.«

Dies ist auch angemessen, weil es Sache der Frau ist, sich auf die Scheide zu konzentrieren. Die Klitoris ist passiv. Durch ihre Stimulation ist der Mann imstande, »ihr einen Orgasmus zu geben«, wohingegen die Scheide aktiviert werden kann, weil die sie umgebenden Muskeln handeln können. Das heißt, die Frau hat die Möglichkeit, den Geschlechtsakt für beide Partner zu verbessern. Deshalb bekam der Liebhaber aus »Der duftende Garten« diesen Rat: »Versuche glühend ihre Jabeda anzufeuern, dann wird deine Arbeit gewaltig belohnt werden.«

Wenn Männer die Empfindungen der Frau festlegen wollen

Klitoral und vaginal – wir Frauen dürfen uns nicht in eine passive Rolle drängen lassen

Viele Jahre hindurch ist eine heftige Debatte über Klitoris-Orgasmus kontra Vaginal-Orgasmus geführt worden. Männer haben geschrieben, bei Frauen würde der Orgasmus immer an der Klitoris ausgelöst und der vaginale Orgasmus existiere nicht. Gleichwohl haben Frauen darauf bestanden, dass es einen Unterschied zwischen einem an der Klitoris ausgelösten Orgasmus und dem durch Reizwirkung in der Vagina (Scheide) hervorgerufenen gäbe.

Man muss dankbar dafür sein, dass zu einer Zeit, wo Aufklärung dringend nötig war, über die Klitoris so viel geschrieben worden ist, und es bedeutete für viele Menschen sicher eine große Hilfe. Aber wir müssen uns ja auch weiterentwickeln. Bedauerlich an dem einseitigen Interesse an der Klitoris – auf Kosten der Vagina – ist nämlich, dass die Frau dadurch in einer passiven Rolle festgehalten wird. Durch mangelnde Aufklärung wird auch die aktive Rolle der Frau beim Geschlechtsakt teilweise übergangen – und dabei ist dies doch ein wesentlicher Faktor des Sexuallebens.

Die frigide Frau? Georgia und Benjamin Graber schreiben in »Woman's Orgasm«: »Es ist eines der Geheimnisse in der Geschichte der Sexualtherapie, dass die sexuellen Aspekte von Kegels Arbeit selbst von so hervorragenden Forschern wie Kinsey und Masters und Johnson im Großen und Ganzen übersehen worden sind, obwohl die Kegel-Übungen in der ganzen Welt bekannt sind und zur Behandlung von unfreiwilligem Wasserlassen angewendet werden. Wie bereits erwähnt, ist der Pubococcygeus-Muskel einer der stützenden Muskeln im Bereich der Scheide und trägt als solcher dazu bei, die Beckenorgane in einem gesunden Zustand zu erhalten. Leider ist der Pubococcygeus-Muskel bei vielen Frauen in einem schlechten Zustand, was zu fehlenden Empfindungen beim Geschlechtsakt führt und jede Möglichkeit bezüglich orgastischer Reaktionen verhindert.«

Wer beide Arten des Orgasmus erleben kann, hat auch die kräftigste und beste Muskulatur!

Jede Orgasmusfähigkeit ist verbesserbar. Ganz wichtig scheint mir Folgendes zu sein: Bei Untersuchungen des Pubococcygeus-Muskels, die von Georgia und Benjamin Graber vorgenommen wurden, hat es sich gezeigt, dass die Frauen niemals oder selten einen Orgasmus erlebt hatten, die eine schlechte Muskulatur besaßen. Diejenigen Frauen, die lediglich den Klitoris-Orgasmus kannten, hatten eine bessere, wohingegen jene, die sowohl den Klitoris- als auch den Vaginal-Orgasmus erlebten, die beste Muskulatur aufwiesen.

Diese Tatsachen sind sicher einer Überlegung wert.

An dieser Stelle möchte ich gerne wiederholen, dass die fehlende Aufmerksamkeit für die Verbesserung der Orgasmusfähigkeit der Frau vielleicht dem Umstand zuzuschreiben ist, dass man die Geschlechtsorgane des Mannes sehen kann, wohingegen die Frau meist nicht alle ihre Möglichkeiten kennt. Vielleicht liegt es auch daran, dass bisher vor allem Männer an der Debatte über die Empfindungen der Frau teilgenommen haben; und der Glaube an besonderes Fachwissen ist groß, manchmal zu groß. Wenn ein Mann, der eine gewisse Autorität genießt, immer wieder behauptet – und noch dazu schriftlich –, es gebe ausschließlich den klitoralen Orgasmus, dann muss man das als geistigen Machtmissbrauch empfinden, und es ist gut, wenn dieses Postulat widerlegt wird.

Vertrauen und Harmonie in einer Partnerschaft spielen für das Erleben eines Orgasmus eine wesentliche Rolle

Orgasmus trotz Beschneidung. Die Ärztin Fatuma Ali – geboren in Somalia, heute in Dänemark lebend – schrieb 1981 in der Tageszeitung »Information« einen Artikel mit dem Titel »Orgasmus trotz Beschneidung« (Entfernung der Klitoris). Darin erzählt sie über ihr Leben, über ihre gescheiterte Ehe, die sie aus Trotz einging und in der sie für frigide gehalten wurde und über ihr späteres Verhältnis zu einem Mann, mit dem sie einen engen seelischen Kontakt hatte und bei dem sie sich geborgen fühlte. Ihr Verhältnis zueinander war schon harmonisch, bevor es zum Geschlechtsakt kam, bei dem sie zum ersten Mal in ihrem Leben einen Orgasmus erlebte. Das sagt viel über die Bedeutung seelischer Mechanismen.

Seinen eigenen Weg gehen. Jede Frau muss selbst entscheiden, wie sie am besten zu sexueller Entfaltung kommt. Sie soll nicht unkritisch an das glauben, was Männer über die Empfindungen der Frau dozieren. Sie soll ihre eigenen Gefühle erleben und sich nicht auf Theorien verlassen, es sei denn, diese decken sich mit ihren eigenen Erfahrungen. Man kann ihr nur empfehlen, bewusst an sich selbst zu arbeiten, Auskünfte einzuholen und Erfahrungen zu sammeln.

Verlassen Sie sich nicht auf irgendwelche Theorien, machen Sie Ihre persönlichen Erfahrungen

Wenn eine Frau ihren Scheidenmuskel trainiert, kann sie erleben, wie die vaginale Empfindung den bisher gewohnten Orgasmus bereichert, und zwar nicht nur den eigenen. Wenn der Scheidenmuskel »wachgerüttelt« und gekräftigt wird – also elastisch und aktiv ist –, kommt dies beiden Partnern zugute: Nicht nur die Frau selbst kann aufgrund der Druckempfindsamkeit ein ihr bis dahin unbekanntes Lustgefühl erleben, sondern auch der Mann, dessen Penis vom rhythmischen Widerstand des Scheidenmuskels gereizt wird, während er sich in der Scheide bewegt.

Die Natur zulassen

Frei lebende Tiere führen ein der Natur gemäßes Leben und haben anscheinend keine sexuellen Probleme; aber Tiere sind für das Leben, das sie führen, programmiert. Ihre Handlungen sind von Trieben und Instinkten bestimmt und deshalb paaren sie sich, wenn der richtige Zeitpunkt dafür gekommen ist. Fehlt beim Weibchen die Paarungsbereitschaft, ist eine Begattung undurchführbar. Was ebenso vorgegeben ist: Tiere können sich absolut nicht »verkehrt« bewegen – Fehlfunktionen sind also ausgeschlossen.

Das lässt sich vom Menschen nicht sagen. Wir führen kein naturgemäßes Leben. Wir haben zwar – wie die Tiere – Triebe und Instinkte, aber auch einen Willen und Gefühle. Aufgrund seines hoch entwickelten Nervensystems kann der Mensch die sonderbarsten Bewegungsaufgaben lösen, und es ist unser Segen, dass wir komplizierte Dinge erlernen können. Im Gegensatz dazu liegt in eben dieser hohen Entwicklung aber auch der Fluch,

Wir haben zwar Triebe und Instinkte wie die Tiere, aber dazu noch einen Willen und Gefühle

dass wir uns »verkehrt« bewegen können. Es gibt Möglichkeiten für Fehlfunktionen sowohl psychischer als auch physischer Art.

Sigmund Freud hat sowohl über die menschliche Fähigkeit, sich kulturell zu entwickeln, als auch über die Anfälligkeit für Neurosen geschrieben. Immer wieder stehen wir vor Gegensätzen: Segen – Fluch, Entwicklung – Entartung, Kultur – Barbarei.

Bewegungsprobleme sind in Wirklichkeit meist Koordinationsprobleme

Im Bereich physischer Fehlfunktionen sind Bewegungsprobleme in Wirklichkeit meist Koordinationsprobleme, und um Irrtümer zu vermeiden, müssen wir uns an dieser Stelle erst ein wenig mit der Bewegungssteuerung befassen.

Ich denke noch oft an die Worte des Musik- und Gymnastikpädagogen Heinrich Medau, bei dem ich in meiner Jugend Bewegungsmusik studierte. Bei der ersten Lektion sagte er zu mir: »Sie denken zu viel und fühlen zu wenig. Vergessen Sie, was Sie gelernt haben, und beginnen Sie noch einmal damit, die Fühler auszustrecken. Später einmal wird Ihnen Ihr Wissen gut anstehen.«

Willkürliche und instinktmäßig gesteuerte Bewegungen

Damit wir einen Muskel bewegen können, muss ein Befehl vom Gehirn über die Nervenstränge an die Muskulatur geschickt werden

Die Bewegungen des Menschen werden auf verschiedene Weise nervlich gesteuert. Wird ein Befehl vom Gehirn über die Nerven zur Muskulatur geschickt, kann das über verschiedene Nervenbahnen erfolgen. Eine Gruppe von Nervenbahnen (die Pyramidenbahnen) findet sich vor allem beim Menschen und bei den Menschenaffen; sie vermittelt isolierte, bewusste, neue Bewegungen, bis diese trainiert und eingeübt sind und somit automatisch verlaufen.

Eine andere Gruppe von Nervenbahnen (die extrapyramidalen) haben wir mit den Tieren gemein. Diese löst zusammengesetzte Bewegungen aus, ein größeres Bewegungsmuster (eine Art Pauschalreise, für die alles festgelegt ist), und ist in hohem Maße der unbewussten, automatischen Steuerung überlassen. Diese Nervenbahnen haben sich durch zahllose Generationen hindurch entwickelt, welche die Bewegungen so »abgeschliffen« haben, dass sie von selbst ablaufen. Diese Bewegungen werden von gefühlsbetonten Vorstellungen und von Handlungen, die man auszuführen wünscht, ausgelöst – oder sie entspringen spontan einer bestimmten Situation.

Deshalb kann man von willkürlich gesteuerten Bewegungen im Gegensatz zu den gefühls- oder instinktmäßig gesteuerten Bewegungen sprechen.

Bewegungsmuster laufen unbewusst und automatisch ab

Diese Erfahrung haben Sie vorhin gemacht, als Sie auf dem Fußboden lagen und mit dem Becken schaukelten, während Sie an ein Zifferblatt dachten. Sie machten sich eine Vorstellung von der Bewegung, von deren Ziel und Sie dachten nicht an deren Durchführung – und deshalb war diese für Sie leicht. Bei diesem Beispiel handelt es sich um eine extrapyramidale Steuerung.

Zurück zur Spontaneität

Spontane Bewegungen verlaufen unbewusst und sie werden zweckdienlich gesteuert (der kürzeste Weg zum Ziel – der geringste Kraftaufwand). Die Bewegungen sind programmiert und setzen von selbst ein, wenn die Handlung erwünscht ist. Es ist deshalb unmittelbar einleuchtend, dass wir, je weiter wir uns vom Naturzustand entfernen, in umso größere Schwierigkeiten mit den Bewegungsabläufen geraten. Deshalb müssen wir uns bewusst wieder dem Naturzustand nähern und auch Gefühle und Spontaneität zu ihrem Recht kommen lassen.

Die Kunst der Liebe

Es hat Zeiten gegeben, in denen Erziehung mit der Unterdrückung der menschlichen Natur gleichbedeutend war, Zeiten, in denen die Natur gezähmt werden sollte. Das konnte leicht zu Entartung und Barbarei führen. Im Gegensatz zur Unterdrückung steht die Kultivierung, was Veredelung bedeutet. Eine Veredelung kann die Integration von Wissen, Können und Liebe sein – deren Endresultat Kunst. Es ist verlockend, die eine Form von Kunst mit einer anderen zu vergleichen: die Kunst der Liebe mit der der Musik. Hoffnungslos ungeschickte Anfängerversuche bei der sexuellen Liebe entsprechen dem, was geschieht, wenn einer, der nicht spielen kann, sich auf einer ungestimmten Geige versucht. Ein plumper Bogen und eine schlaffe und passive Saite können unmöglich Musik hervorbringen – das gibt ein Fiasko. Der Körper lässt sich gut mit einem Instrument vergleichen, das bearbeitet und verbessert werden kann, so dass sich seine Möglichkeiten erweitern. Genauso wie das Instrument gestimmt werden muss, muss auch der Mensch in Stimmung gebracht werden, um Hervorragendes leisten zu können.

Die Lust ist die stärkste Triebkraft

Gleichgültig, um welche Aufgabe es sich handelt, Lust ist die stärkste Triebkraft. Eine Frau will angeregt werden, um in Stimmung zu kommen und Lust auf Sex zu haben. Da der Mensch eine psychosomatische Ganzheit ist, kann die Anregung sowohl auf psychischem als auch auf physischem Weg erfolgen.

Stimulation durch Sex ist ein regelmäßig wiederkehrendes Bedürfnis, dem Sie unbedingt nachgehen sollten

Zum Schluss noch ein paar Worte über Anregung (Stimulation). Wie bereits beschrieben, besteht ein natürliches Bedürfnis nach einem Orgasmus. Er ist die »Lockspeise« der Natur. Das Geschlecht soll sich ja fortpflanzen, und deshalb ist dafür gesorgt, dass wir aus Lust und Drang Paare bilden. Der Drang entspricht der im Organismus angesammelten Spannung, die nach ihrer Auslösung verlangt. Dieses periodisch wiederkehrende Bedürfnis wirkt schon an sich als physisches Stimulans. Außerdem ist uns ein Bedürfnis nach Kontaktaufnahme und Zärtlichkeit angeboren, und der Wunsch, einem anderen Menschen so innig nahe wie möglich zu sein, kann bereits als psychische Stimulation wirken.

Aus diesem Grunde handelt Sexualerziehung von mehr als Muskeln und Orgasmus. Man sollte endlich begreifen, dass es sich beim Geschlechtsakt um ein Zusammenwirken von Funktionen, um ein Gesamterlebnis handelt und dass das körperliche Erlebnis nicht aus seinem organischen Zusammenhang mit den Gefühlen gerissen werden darf. Die am stärksten wirkende Triebkraft ist eine gleichzeitig gefühlsmäßige und körperliche Stimulation. Wo zwei Sehnsüchte einander begegnen, entstehen die Liebkosungen spontan. Der Weg ist geebnet: Die zärtlichen Berührungen wirken als zusätzliche Verstärkung der Gefühle, und so ist der weitere Handlungsablauf nur noch gefühlsgesteuert – er »kommt von selbst«.

Dem Naturtalent glückt alles, aber auch für diejenigen, die zu viel denken und zu wenig fühlen, ist Hoffnung vorhanden. Mittels ihrer Kenntnisse und ihres Könnens sind sie in der Lage, willentlich ihre Natur zu respektieren, so dass die Gefühle doch noch zur freien Entfaltung kommen.

Dort allerdings, wo weder Wissen noch Können noch Liebe herrschen, ist der Geschlechtsakt ein Experiment, das von vornherein zum Scheitern verurteilt ist. Wenn es also zum Geschlechtsakt aus Neugier, durch Druck, aus Geltungsbedürfnis oder dergleichen kommt, ist das ein übler Anfang. Deshalb bekam ein junges, unsicheres Mädchen die richtige Antwort, als es über Generationen hinweg fragte: »Großmutter, wann soll ich mich hingeben?«

Ein Geschlechtsakt ohne Liebe und Einfühlungsvermögen ist ein Experiment, das zum Scheitern verurteilt ist

Eine lebenskluge alte Frau antwortete: »Das kann ich dir genau sagen, mein Mädchen – erst dann, wenn du es nicht mehr lassen kannst.«

Stichwortverzeichnis